इंडोनेशिया में हिंदू पुनरुत्थान

इंडोनेशिया में हिंदू पुनरुत्थान

दस लाख से अधिक इंडोनेशियाई मुसलमानों के हिंदू धर्म में वापस लौटने की प्रेरणादायक कहानी

रवि कुमार

अनुवाद

निकुंज सूद

प्रभात पेपरबैक्स

www.prabhatbooks.com

प्रकाशक

प्रभात पेपरबैक्स

4/19 आसफ अली रोड, नई दिल्ली–110002

फोन : 23289777 • हेल्पलाइन नं. : 7827007777

इ–मेल : prabhatbooks@gmail.com ❖ वेब ठिकाना : www.prabhatbooks.com

संस्करण

प्रथम, 2018

मूल्य

दो सौ रुपए

अ.मा.पु.स. 978-93-5266-689-8

मुद्रक

आर–टेक ऑफसेट प्रिंटर्स, दिल्ली

★

INDONESIA MEIN HINDU PUNARUTTHAN
by Ravi Kumar

Published by **PRABHAT PAPERBACKS**
4/19 Asaf Ali Road, New Delhi-110002

ISBN 978-93-5266-689-8

₹200.00

यह पुस्तक
उन सभी लोगों को समर्पित है,
जो भारत को विश्वगुरु के रूप में
देखना चाहते हैं।

स्वामी विवेकाननंद एवं इंडोनेशिया के प्रथम राष्ट्रपति सुकर्णो

इंडोनेशिया के ऐतिहासिक शीर्ष नेता एवं प्रथम राष्ट्राध्यक्ष सुकर्णो ने कहा है—
''स्वामी विवेकानंद वह व्यक्तित्व हैं जिनके उपदेशों ने उनको दिशा दी और शक्तिशाली बनाया एवं परमात्मा तथा मानवसमाज की सेवा करने की प्रेरणा दी।''

विद्यावाचस्पति-आचार्य
स्वामी गोविंददेव गिरि
(किशोरव्यास)

।। श्रीहरिः।।

'**धर्मश्री**', मानसर अपार्टमेंट्स
पुणे विद्यापीठ मार्ग, पुणे-411046
दूरभाष : (020) 25652589
25672069
Email :
swamigovindgiriji@gmail.com
dharmashree123@gmail.com

इंडोनेशिया का ग्रहण—मोक्षारंभ

भारतवर्ष के दक्षिण-पूर्व दिशा में स्थित इंडोनेशिया यानी जावा, सुमात्रा, बोर्निओ, बाली, सुंदर आदि द्वीपों का समूह है। प्रदीर्घ काल से क्रूर आक्रमणों का शिकार होने पर भी यह प्रदेश अपनी प्राचीन मूल हिंदू संस्कृति को बचाए रखने में सफल रहा है। इन द्वीप समूहों के लांबाक, सुलावेन्नी, दयाक आदि बेटों पर भी प्राचीन हिंदू परंपरा का प्रभाव आज भी विद्यमान है। यहाँ की इस हिंदू परंपरा का शुभारंभ लगभग पाँच हजार वर्ष पूर्व हुआ।

हस्तिनापुर के पांडव वंशीय राजा का एक मंत्री था आजिशक। साहसी एवं दूरदर्शी आजिशक ने कलियुगाब्द 3179 (78) में सुवर्णद्वीप के लिए प्रस्थान किया। ताम्रलिपि बंदरगाह से लगभग दो मास का सागरीय प्रवास करके उसके जहाज आज के जावा में पहुँचे। स्थानीय जनजातियों ने उनका स्वागत किया। आजिशक का नेतृत्व स्वीकार किया। देखते-ही-देखते एक समृद्ध उपनिवेश खड़ा हो गया। वहाँ के पर्वत मेरु पर्वत बन गए। नदियाँ गंगा बन गईं। वेद-पारंगत आचार्यों ने नदियों के किनारे अरण्य के बीच अपने आश्रम स्थापित किए। जनजातियों के प्राकृतिक जीवन को अधिष्ठान प्राप्त हुआ। जीवन में परिवर्तन आ गया। वे खेती करने लगे। नई-नई बस्तियाँ उभरने लगीं। बस्तियों को जोड़नेवाले पथों का निर्माण हुआ। आजिशक के शासकों के नेतृत्व में नागरी जीवन संपन्न होने लगा। चारों ओर से द्वीप सागर से घिरा हुआ था। नौकाएँ बाँधने की कार्यशालाएँ प्रारंभ हुईं। विश्व की एक महान् सागरी-संस्कृति ने जन्म लिया।

इस सांस्कृतिक प्रवाह में राजा कलिंग, अवनिपति राजा पूर्णवर्मा, यज्ञकर्ता सम्राट् मूलवर्मा, बौद्ध भिक्षु कालोदक, राजा श्रीविजय, सम्राट् श्री बालपुत्र, बौद्ध प्रचारक, गुणवर्मा, राजा धर्मवंश, राजा ऐर्लंग, कीर्तिराज जयवर्धन, राणी त्रिभुवना आदि अनेक राजपुरुष एवं धर्मपुरुषों ने इंडोनेशिया की प्रदीर्घ हिंदू परंपरा को पल्लवित, पुष्पित, सुफलित, परिपुष्ट और स्थिर कर दिया। ऐतिहासिक दस्तावेजों के अनुसार डॉ. शरद हेबालकर लिखित '**कृण्वन्तो विश्वमार्यम्**' अधिकृत ग्रंथ का एक सुंदर परिच्छेद कुछ दीर्घ होने पर भी यथार्थ दर्शक होने के कारण मैं यहाँ उद्धृत करना औचित्यपूर्ण मानता हूँ।

अतीत की एक वैभवशाली घटना—एक हजार तीन सौ वर्ष पूर्व की एक घटना है। शैलेंद्र की राजलक्ष्मी महानगरी 'श्री विजय' शैलेंद्र वंश के बलाढ्य साम्राज्य की रत्नजड़ित नगरी पर्व के अवसर पर सजी हुई नवपरिणीता के समान बन-ठनकर श्री विजय नगरी तैयार हुई थी। नगरी के प्राचीर का विशाल प्रवेशद्वार कांचन वर्ण से चमक रहा था। प्रवेशद्वार के दोनों ओर शिल्पांकित स्तंभों पर जड़े हुए नीलमणि जगमगा रहे थे। ऊपर तोरण के मध्य में जड़ा हुआ विद्याधर नामक हीरा सूर्य किरणों से झिलमिला रहा था। इस विद्याधर तोरण से भव्य राजमार्ग सीधा राजप्रासाद तक जा रहा था। विस्तीर्ण राजमार्ग के दोनों ओर द्वितलीय, त्रितलीय प्रासाद थे। बीच में सप्ततलीय विशाल भवन भी मस्तक ऊँचा उठाकर गर्व से खड़े थे।

प्रत्येक भवन और प्रासाद के सामने आँगन में और राजपथ पर गृहणियों ने केसर-जल का छिड़काव किया था, जिसकी मंद सुगंध वायुमंडल में चमक रही थी। प्रांगण की शुभ्र कल्पनाओं के कारण राजमार्ग के दोनों ओर बेलबूटेदार बन गए थे। राजमार्ग पर स्थान-स्थान पर पुष्पतोरण बनाए गए थे। चतुष्पथों (चौराहों) पर कदली स्तंभ खड़े कर उनमें आम्रपर्ण की मालाएँ बँधी थीं। दूरस्थ बुद्ध मंदिर से आनेवाले मधुर वाद्य के मंगल स्वर वातावरण में गूँज रहे थे।

राजप्रासाद में बड़ी व्यस्तता दिखाई दे रही थी। समग्र राजपरिवार सजा हुआ था। प्रासाद के एक ओर प्रभावी सैनिक वाहिनियाँ मानवंदना के हेतु

सज्ज हो अनुशासन के साथ खड़ी थीं। प्रासाद के समीप स्तूप के पास भव्य सभामंडप खड़ा किया गया था। सभामंडप की ओर जानेवाले रेखित मार्ग पर एकाध काषाय-वस्त्रधारी भिक्षु 'कहीं मुझे देर तो नहीं हुई' ऐसी आशंका भरी मुद्रा से जाते हुए दिखाई पड़ रहे थे। प्रासाद के प्रवेशद्वार पर एक अलंकृत गजराज अपनी सूँड़ में पुष्पमाला लिये महावत के आदेश को प्रतीक्षा में शांत खड़ा था।

यह सारी सिद्धता किसलिए हो रही थी? ऐसा कौन भाग्यशाली अभ्यागत था, जिसके लिए श्रीविजय नगरी इतनी आनंदविभोर हो गई थी?

प्रसंग ऐसा ही महत्त्वपूर्ण था। भारतमाता के एक सुपुत्र सुवर्णद्वीप को भेंट देने आ रहा था। भारतभूमि और सुवर्णद्वीप का नाता नितांत स्नेह का, आत्मिक, माता और पुत्र के जैसा था। भारत से आनेवाला कोई भी हो, श्रीविजय के लिए उसका आना पर्व होता था। वे हमसे स्नेह करें, हमारी प्रशंसा करें, पीठ पर हाथ फेरें, इसी में सुवर्णद्वीप की जनता अपने को कृतार्थ मानती थी।

और आज का अतिथि सामान्य नहीं था। नालंदा विद्यापीठ के कुलगुरु, आचार्य धर्मपाल श्रीविजय को अल्पकालीन भेंट देने आ रहे थे। यह भेंट एक राजा की दूसरे राजा से नहीं थी। प्रत्युत एक धर्मचक्रप्रवर्तक, आचार्य धर्मरक्षक राजा की राजधानी पधार रहे थे। भारत के विद्या-विभूषित आचार्य का शैलेंद्र सम्राट् और उसकी प्रजा से ऐसा ही नाता था।

आचार्य धर्मपाल की यह सुवर्णद्वीप की यात्रा कलियुगाब्द 39 (ख्रि 8)वीं शती में हुई थी, जब सुमात्रा में शैलेंद्र वंश राज्य कर रहा था। श्रीविजय अर्थात् वर्तमान 'पलेम्बंग' राजधानी थी। मलयद्वीप (मलाया) यवद्वीप (जावा) वरहिणद्वीप (बोर्निओ) और सैकड़ों छोटे द्वीप श्रीविजय साम्राज्य में अंकित थे।

इंडोनेशिया में प्राप्त अनेक अभिलेखों में उत्कीर्ण शताधिक संस्कृत श्लोकों में वहाँ की राजपरंपराओं का वर्णन मिलता है। उदाहरण के लिए केवल एक श्लोक देखें—

विक्रांतस्यावनिपतेः श्रीमतः पूर्णवर्मणः।
तारूम नगरेन्द्रस्य विष्णोरिव पदद्वयम्।।

तारूम नगरी को राजधानी बनाकर उत्तम राज्य करनेवाले विष्णुभक्त राजा पूर्णवर्मा का यह सादर वर्णन है। ऐसे अनेक संस्कृत श्लोक अभिलेखों में सुरक्षित हैं।

भारतीय संस्कृति के आद्यप्रचारक महान् ऋषि अगस्त्य का अत्यंत बड़ा योगदान इंडोनेशिया में सस्कृति प्रवर्तन के विषय में भी रहा है। जावा के धार्मिक ग्रंथों में एक महत्त्वपूर्ण ग्रंथ माना जाता है—'अगस्त्य पर्व', जिसमें सृष्टि विज्ञान से लेकर मनु, मन्वंतर, स्वर्ग, नरक, सप्तलोक, दक्षप्रजापति, देव, गंधर्व आदि अनेक विषय समाविष्ट हैं, जैसे भारतीय पुराण वाङ्मय में होते हैं।

इस प्रकार इस निसर्ग सुंदर द्वीप समूह पर विश्व कल्याणकारी हिंदू संस्कृति अपने विकास की चरम सीमा पर थी। हिंदू उपासना पद्धति और बौद्ध दर्शन की धारा का गंगा-यमुना का संगम भारत निष्ठा की गुप्त सरस्वती के साथ यहाँ तीर्थराज प्रयाग की तरह आस्था के साथ विराजमान था। किंतु ई.स. 1001 के मोहम्मद गजनी के भीषण आक्रमण के साथ यहाँ का रंग बदलने लगा। विश्व के समस्त इतिहासविदों का सर्वमान्य निरीक्षण है कि जहाँ यवनों का साम्राज्य 70-100 वर्षों तक रहा हो, वह हर देश अंततोगत्वा पूर्णतया मुस्लिम बन ही गया। क्योंकि यह आक्रमण केवल राजकीय नहीं होता। धर्मांतरण, मंदिरों का विध्वंस, महिलाओं का अपहरण, गोमाता जैसे मान बिंदुओं का हनन, स्थानिक प्रजा का उत्पीड़न, संपति की लूट, इस प्रकार से यह सर्वंकष आक्रमण स्थानिक धर्म-संस्कृति का पूर्ण विनाश करता है। इतिहासकारों को इसका अत्यंत आश्चर्य है कि ऐसा आक्रमण और साम्राज्य भारत की भूमी पर सात सौ से हजार वर्षों तक चलते रहने पर भी अपवाद के रूप में केवल भारत ही अपने धर्म-संस्कृति को इतना सुरक्षित कैसे रख सका?

वास्तव में इससे भी बड़ा आश्चर्य यह है कि इंडोनेशिया की जनता ने

वहाँ सदियों तक मुस्लिम शासन के रहने पर भी अपनी मूल हिंदू संस्कृति को न केवल बचाए रखा, अपितु राजनैतिक स्तर पर भी उसका सम्मानपूर्वक आचरण न केवल स्वीकृत कराया, बल्कि विदेशों में भी अपने राष्ट्र की ओर से सरस्वती जैसे हिंदू चिह्नों की स्थापना की। हिंदू प्रतीकों को वहाँ राष्ट्रीय स्तर पर केवल मान्यता ही नहीं, बल्कि प्रतीक के रूप में उनको सरकारी स्तर पर भी प्रयोग में लाया जाता है। रामायण, महाभारत, हनुमानजी, गरुडजी, सरस्वती आदि हिंदू संस्कृति के सभी मानचिह्न उन्हें पूर्णतया अपने ही लगते हैं। नामकरण में संस्कृत की प्रधानता, भाषा में भी संस्कृत शब्दों का प्रचलन, उनके भाव रज्जू को अपने आप भारत से जोड़ता है। हिंदू देवी-देवताओं के मंदिरों का आधिक्य, हिंदू शिल्प का आलंबन, हिंदू रीति-रिवाज एवं त्योहारों की मान्यता और हिंदू धर्मांतर्गत धार्मिक पवित्रता के लिए आदरपूर्ण महत्ता का भाव, ऐसी सारी बातों के कारण यह विश्वास सुदृढ हो जाता है कि इंडोनेशिया भले ही शासन की दृष्टि से मुस्लिम राष्ट्र कहलाता हो, संस्कृति की दृष्टि से वह आज भी भारत जैसा हिंदू राष्ट्र है।

प्रकृति का नियम है कि केवल बाहरी आवरण से अंतरंग परिवर्तन नहीं होता और काल के प्रभाव से हुआ बाह्य परिवर्तन भी स्थायी नहीं होता। **'इंडोनेशिया में हिंदू पुनरुत्थान'** इस पुस्तक में जो इंडोनेशिया के सांस्कृतिक पुनरुत्थान की रोमांचक कहानी हम पढ़ते हैं, वह इसी सिद्धांत को पुष्ट कर देती है। अपने मूल संस्कृति से अंतरंग में जुड़े के रहने के कारण एक लाख से अधिक लोगों को इस्लाम का बाहरी चोला उतारकर घर वापसी करने में अस्वाभाविक जैसा कुछ भी नहीं लगा। मंच पर अभिनय के लिए धारण किया हुआ वेष उतारकर जैसे हम स्वाभाविक वेष में आते हैं, वही बात मानो इंडोनेशिया में उत्साहपूर्वक किंतु सहजता से हो रही है। इस परिवर्तन की रोमांचकारी सुंदर कहानी आदरणीय लेखक श्री व्ही. रविकुमारजी ने इस बहुमूल्य ग्रंथ में पर्याप्त अधिकृत जानकारी तथा चित्रों सहित प्रस्तुत की है, जो उनके मूल अंग्रेजी ग्रंथ का अनुवाद है। इस सौष्ठवपूर्ण प्रेरक कृति के लिए उनका हार्दिक अभिनंदन!

यह घर वापसी होना आवश्यक भी है। वास्तव में यह अधिक वेग से होना आवश्यक है। क्योंकि 'पॅन इस्लाम' के अंतर्गत बाहर के संस्कृति विध्वंसक यवन अपने अत्याधुनिक साधनों से वहीं की नई पीढ़ी को यदि अपने रंग में रँगने को सफल हो गए तो अबतक बची हुई इंडोनेशिया की मूल संस्कृति उन्हें कितना रोक पाएगी, यह कहना भी कठिन है। वहाँ की संस्कृति को लगा हुआ गुलामी का यह ग्रहण शीघ्र छूट जाए, यह आवश्यक है। उसका आरंभ हो चुका है।

प्रकृति से अनाक्रामक तथा विश्व कल्याण के लिए समर्पित हिंदुत्व की विचारधारा प्रभावी हो, तभी तक उपासना की स्वतंत्रता, जनतांत्रिक प्रणाली और विश्वबंधुत्व जैसे जीवन-मूल्य देश में टिक सकते हैं। इन्हीं जीवन-मूल्यों पर मानव की सूख, शांति, प्रगति और सहनिवास संभव है, इसलिए इस उदार हिंदुत्व की विचारधारा को सभी दृष्टियों से प्रभावी करने में लगे हुए कार्यकर्ता तथा उनके सहयोगियों का न केवल अभिनंदन, बल्कि उन्हें हार्दिक अभिवादन!

धर्मश्री, पुणे
फाल्गुन, कृ. 7

श्री ज्ञानेश्वरपदाश्रित
स्वामी गोविंददेवगिरि:

अपनी बात

विश्व में कहीं भी रहने वाले हिंदुओ के लिए यह एक प्रेरक कहानी है। यह पुस्तक जावा, इंडोनेशिया में हिंदुत्व के बढ़ते प्रभाव पर प्रकाश डालती है। लाखों यूरोपीय, अरब और यहुदी लोग हिंदुत्व की ओर आकर्षित हो रहे हैं तथा International Society for Krishna Consciousness (ISKCON), सत्यसाईं संगठन, महर्षि महेशयोगी संस्थाओं की प्रेरणा से संस्कृत भजन और कीर्तन का गायन तथा आयुर्वेद उत्पादों का उपयोग कर रहे हैं। साउदी अरब सहित पुरे विश्व में योग को स्वीकार किया गया है। विश्व 300 से भी अधिक स्थानों में संस्कृत पढ़ाई जा रही और भगवतगीता का 80 से भी अधिक भाषाओं में अनुवाद किया गया है। स्वस्थ्य शरीर के लिए विश्वभर में अनेको लोगों ने शाकाहार को स्वीकार किया है एवं लाखों लोगों ने शव को दफनाने के बजाय दाह-संस्कार को पसंद किया है। धीरे धीरे हिंदुत्व विश्व के मंच पर आसीन हो रहा है।

भारत में बहुत से लोगों को हमारे पूर्वजों द्वारा दक्षिण-पूर्व एशियाई देशों इंडोनेशिया, मलेशिया, सिंगापुर, थाईलैंड, कंबोडिया और वियतनाम आदि में पहली शताब्दी ईसापूर्व से 17वीं शताब्दी तक स्थापित हिंदू साम्राज्यों के गौरवशाली इतिहास के बारे में पता नहीं है। उनकी राजनीतिक विजय अधीनस्थ क्षेत्रों की सीमाओं तक अवश्य उल्लेखनीय थी, लेकिन उससे भी बड़ी जीत भारतीय विचारों का प्रसार था। दक्षिण-पूर्व एशिया में मुख्य भूमि और द्वीप समूह—दोनों की सभ्यता पूरी तरह भारत से प्रेरित थी। श्रीलंका,

बर्मा, स्याम, कंबोडिया, चंपा और जावा में धर्म, कला, वर्णमाला, साहित्य आदि के साथ ही जो भी विज्ञान और राजनीतिक संगठन अस्तित्व में थे, वे हिंदू धर्म की ही देन थे। इसी तरह तिब्बत के बारे में भी बहुत कुछ कहा जा सकता है, जहाँ मंगोलों ने भारतीय सभ्यता को अपनाया। 1500 ईसा पूर्व से 1300 ईसा पूर्व तक अरब देशों–सीरिया और तुर्की (एनाटोलिया) के हिस्सों पर शासन करने वाले मितानी साम्राज्य भारतीय मूल का है।

विश्व में एकमात्र हिंदू ही है, जिसने दासता, आर्थिक प्रतिबंधों, बलात्कार, लूट, आगजनी, सांस्कृतिक चिह्नों के विनाश, धार्मिक स्थानों की अपवित्रता और पवित्र प्रतीकों को नष्ट किए बिना अन्य देशों पर शासन किया। दूसरी तरफ हमने उनकी संस्कृति और सभ्यता को बढ़ावा दिया। हम कृण्वंतो विश्वम् आर्यम (आओ विश्व को सुसंस्कृत और सशक्त बनाएँ) में विश्वास करते हैं। यह विश्व के इतिहास में एकमात्र उदाहरण है। जॉर्ज सीडेस, विल ड्यूरंट मार्क ट्वेन, आर्थर बाशम जैसे विधान और फाहियान, ह्वेनसांग तथा अल बरूनी जैसे यात्री इतिहासकारों ने हिंदू शासकों के धार्मिक सहिष्णुता और वैश्विक विचारों पर लेख लिखे हैं।

मैं पुस्तक की प्रस्तावना लिखने के लिए पूज्य गोविंद गिरि महाराजजी का अत्यधिक आभारी हूँ। पुस्तक के हिंदी अनुवाद के लिए डॉ. एन.के. गुप्ता, डॉ. जितेंद्रवीर कालरा, निकुंज सूद और प्रेम कुमार भट्टाराई का आभारी हूँ। मैं भाग्यनगर के श्रीमती भगवती महेशजी के वित्तीय योगदान के लिए भी आभारी हूँ। पुस्तक की रचना में अनिल वर्तक, आनंद साहू, शरद रेड्डी और वेंकट सुब्बु ने भी योगदान दिया है।

भारत वह भारत है, जो अपनी श्रेष्ठ संस्कृति से दुनिया को जीत रहा है।

—रवि कुमार

अनुक्रम

परिशिष्ट-I

परिशिष्ट-II

परिशिष्ट-III

भाग-II

दक्षिण-पूर्व एशिया में हिंदू धर्म

भाग-I

इंडोनेशिया में हिंदू पुनरुत्थान

यह अनोखी व प्रेरणादायी कहानी विश्व की सबसे बड़ी मुस्लिम आबादी वाले देश इंडोनेशिया की है, जहाँ लाखों मुस्लिमों ने वर्तमान दशक के दौरान अपने पुरखों के धर्म (हिंदुत्व) में वापसी की।

17 जुलाई, 2017 को जावा प्रांत, इंडोनेशिया की राजकुमारी ने अपनाया हिंदू धर्म

''एक दिन आएगा जब भारत विश्व मंच पर छा जाएगा, और भारतमाता अपने पूर्ण वैभव के साथ, विश्व में ऐसा पहले कभी नहीं हुआ ऐसे, विश्व-पटल के स्वर्ण सिंहासन पर आरूढ़ होगी।''

—स्वामी विवेकानंद

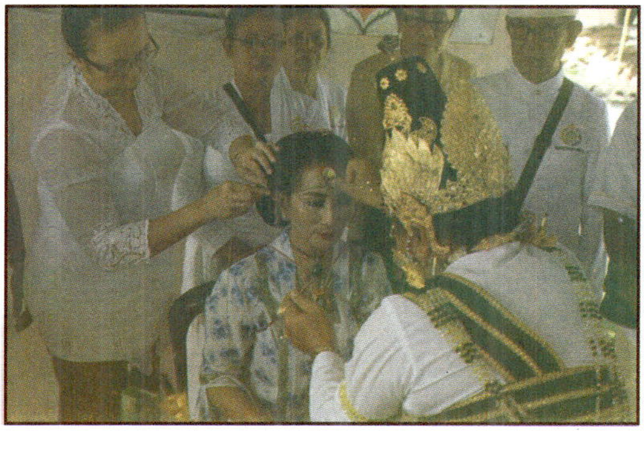

इंडोनेशिया 22.7 करोड़ की मुस्लिम आबादी (वर्ष 2017) के साथ दुनिया में सबसे अधिक मुस्लिम जनसंख्या वाला देश है। जावा द्वीप दुनिया की

सबसे अधिक आबादी वाला द्वीप है और जावा भी मुस्लिम बहुल है। हिंदू धर्म इंडोनेशिया के छह आधिकारिक धर्मों में से एक है।

इंडोनेशिया में जावा की राजकुमारी Kanjeng Raden Ayu Mahindra Kooswidyanthi Paramasi ने 17 जुलाई, 2017 को बाली के पुरा (मंदिर) में शुद्धि वदनी नामक एक अनुष्ठान में भाग लिया। यह अनुष्ठान हिंदू धर्म (हिंदुत्व) को अपनाने के लिए किया जाता है। शुद्धि वदनी अनुष्ठान में शुद्धीकरण प्रक्रिया की शुरुआत पूजा नारायण मंत्र (त्रि-संध्या) के दूसरे श्लोक के पाठ साथ हुई, सबसे अधिक समय तक पवित्र गायत्री मंत्र का पाठ होता रहा। अंत में अन्य हिंदू अनुष्ठानों का पालन किया गया।

अनुष्ठान पूरा होने के बाद जावा की राजकुमारी कांजेंग महेंद्राणी हिंदू बन गईं। जावा की राजकुमारी ने घोषणा की कि वह बाली में आश्रम का निर्माण करेंगी। आश्रम जावाई, बाली और नुसंतारा (इंडोनेशिया का प्राचीन नाम) संस्कृतियों का संगम होगा। राजकुमारी के शुद्धि वदनी अनुष्ठान बाली निवासी हिंदू पुजारियों (Ida Sari Galuh, Putra Natha Nawa, Wiku Sri Bhagawan, Wangsa Pemayun) के समूह ने संपन्न करवाया।

शुद्धि वदनी अनुष्ठान के बाद राजकुमारी ने सबको मुसकराते हुए गले लगाया। राजकुमारी यह देखकर बहुत प्रसन्न थीं कि बाली के हिंदू निवासी अच्छी संख्या में उनके द्वारा हिंदू धर्म को ग्रहण करने के अनुष्ठान को देखने आए हैं। वे लोगों के उत्साह और उनकी शुभकामनाओं से काफी भावुक हो उठीं।

कांजेंग महेंद्राणी ने कहा कि धर्म-पथ पर लौटने की उनकी इच्छा लंबे समय से थी। उन्होंने यह भी कहा कि आधिकारिक रूप से हिंदू धर्म अपनाने से पहले ही वे पुरों (मंदिरों) में प्रार्थना करती रही हैं। बाद में उन्होंने कहा कि अब यह घर वापसी विधिवत् रूप से होने के कारण अधिक उपयोगी और प्रभावी है। राजकुमारी ने कहा कि मंदिर में प्रार्थना करते समय या हिंदू यात्रा में भाग लेते समय वह हमेशा शांति का अनुभव करती थीं। उनके पूरे परिवार ने हिंदू के

रूप में धर्म के रास्ते पर लौटने के उनके निर्णय का समर्थन किया।

राजकुमारी का जन्म 1961 में इटली के रोम में हुआ था। राजकुमारी संगीत के प्रति अपने प्रेम व शौक के लिए जानी जाती हैं, वे एक अच्छी पियानोवादक और उच्चकोटि की संगीतकार हैं। वे इंडोनेशिया की प्रमुख हस्तियों में से एक हैं।

इंडोनेशिया में बढ़ता हिंदू विरोधी आतंकवाद

इंडोनेशिया के इतिहास में 12 अक्तूबर, 2002 को बाली द्वीप में अब तक के सबसे घातक आतंकी हमले में 240 लोगों की मौत हुई। इस हमले में 240 से भी अधिक लोग घायल हुए।

इसके बाद एक बार फिर बाली द्वीप में ही 1 अक्तूबर, 2005 में श्रृंखलाबद्ध आत्मघाती व कार बम धमाकों एवं अन्य हमलों में 26 लोगों की मौत हुई और 100 से अधिक घायल हुए थे।

अक्तूबर-नवंबर 2012 में सुमात्रा द्वीप के दक्षिण लामपंग में रहने वाले हिंदुओं पर स्थानीय मुस्लिमों ने हमला किया था। इस हमले में 14 की मौत हुई थी और 1000 से अधिक बेघर हो गए थे। संपूर्ण इंडोनेशिया में अधिकाधिक मुस्लिम संगठन हिंदुओं पर हमले कर रहे हैं। इन खतरों के मध्य भी अपने धर्म और संस्कृति को बनाए रखने वाले इंडोनेशियाई हिंदुओं का साहस विश्व भर के हिंदुओं के लिए गर्व का विषय है।

बाली बम धमाकों के दोषी और फाँसी की सजा पाने वाले इमाम समुद्र उर्फ अब्दुल अजीज ने स्वीकार किया था कि बाली द्वीप को हिंदू बहुल होने के कारण ही हमलों के लिए चुना गया था।

सन् 2002 में बाली बम धमाकों की सुनवाई करने के लिए नियुक्त न्यायाधीश इफा सुदेवी पहली महिला न्यायाधीश थीं। सोलो (जावा) में शिक्षा प्राप्त करनेवाली सुदेवी 1990 में जज बनी थीं। उनका पालन-पोषण मुस्लिम के रूप में हुआ, लेकिन उन्होंने बाद में हिंदू धर्म अपना लिया था।

दक्षिण-पूर्वी एशिया में हिंदू धर्म—विलक्षण वंशावली

दक्षिण-पूर्वी एशिया में हिंदू धर्म ने अनेक साम्राज्यों एवं सभ्यताओं को जन्म दिया है। इनमें मध्य वियतनाम के दक्षिण हिस्सों में चंपा सभ्यता, कंबोडिया में फुनान साम्राज्य, इंडोचीन में खमेर साम्राज्य, लंकासुका राज्य, मलय प्रायद्वीप में गंगा नेगारा और पुराना केड्डा (Kedda or Kedah) राज्य, सुमात्रा में श्री विजयन राज्य, जावा, बाली एवं फिलिपीन द्वीप-समूह में सिंघसारी राज्य एवं मजपहित साम्राज्य प्रमुख रहे हैं। इन राज्यों और वहाँ के लोगों की भाषाओं, लिपियों, पंचांगों एवं कलात्मक अभिरुचियों को भारतीय सभ्यता ने गहन रूप से प्रभावित किया है।

Srivijaya Empire
Around X to XI century

दक्षिण-पूर्वी एशिया में हिंदू धर्म का पदार्पण पहली सदी में हुआ और अगले 1600 वर्षों तक उसकी वहाँ सक्रिय भूमिका रही। परंतु दुर्भाग्यवश, जिन भारतीयों को विश्व इतिहास के इन अनोखे और यशस्वी अध्यायों पर गर्व होना चाहिए, उन्हें इनकी जानकारी तक नहीं है। कैसे महान् और यशस्वी पुरखे थे हमारे! कितना ऊँचा स्तर था उनका! और उनके वंशज हम इस सबसे अनभिज्ञ! अनोखी विडंबना!!

डॉ. रघुवीर, डॉ. सत्यव्रत शास्त्री, डॉ. अमरजीव लोचन, डॉ. एस.एम. पोन्नैया, डॉ. लोकेशचंद्र, दादासाहेब आप्टे, लक्ष्मणराव भिड़े, लल्लन प्रसाद

व्यास, डॉ. शंकर तत्त्ववादी, सुरेश सोनी, राजेश मुधोल्कर, स्वामी विज्ञानानंद, डॉ. राम निवास, श्याम परांडे एवं रवि कुमार (लेखक) जैसे प्रख्यात हिंदुओं ने दक्षिण-पूर्वी एशिया में हिंदू धर्म की फैली शाखाओं पर शोध करने एवं उसके बारे में विश्व भर में उसका प्रचार करने हेतु वहाँ की अनेक यात्राएँ कीं।

दक्षिण-पूर्वी एशिया में आरंभिक कार्य

जॉर्ज सीडेस (1886-1969) दक्षिण-पूर्वी एशिया के संबंध में जानकारी रखने वाले पुरातत्त्वज्ञ एवं इतिहासकार थे। सीडेस का जन्म पेरिस (फ्रांस) में संभवतः हंगरी से विस्थापित यहूदी परिवार में हुआ था। सीडेस 1918 में थाईलैंड नेशनल लाइब्रेरी के निदेशक नियुक्त हुए थे और 1929 में L'Ecole Francaise d'Extraeme-Orient के निदेशक बने, जहाँ उन्होंने 1946 तक कार्य किया। इसके बाद वे पेरिस लौटे, जहाँ 1969 में उनका निधन हुआ। उन्होंने इस क्षेत्र में दो मौलिक ग्रंथों की रचना की थी, 'Les etats hindouises d'Indochine et d'Indonesie' (1948), 'द हिंदुआइज्ड स्टेट्स ऑफ साउथ ईस्ट एशिया' (Hinduised States of Southeast Asia) (1968, 1975) और 'द मेकिंग ऑफ साउथ ईस्ट एशिया' (1966)। इनके अतिरिक्त उन्होंने हिंदू राज्यों की अवधारणा को उद्घाटित करने वाले अनेक आलेख भी लिखे। परंतु उनकी सबसे बड़ी उपलब्धि कंबोडिया में संस्कृत एवं पुरा खमेर शिलालेखों पर आधारित उनका शोध प्रबंध है। इसमें दर्जनों आलेखों के साथ ही Inscriptions du Cambodge (1937-1966) के 8 खंडों में पुरा-अंग्कोरियाई एवं अंग्कोरकालीन स्मारकों के

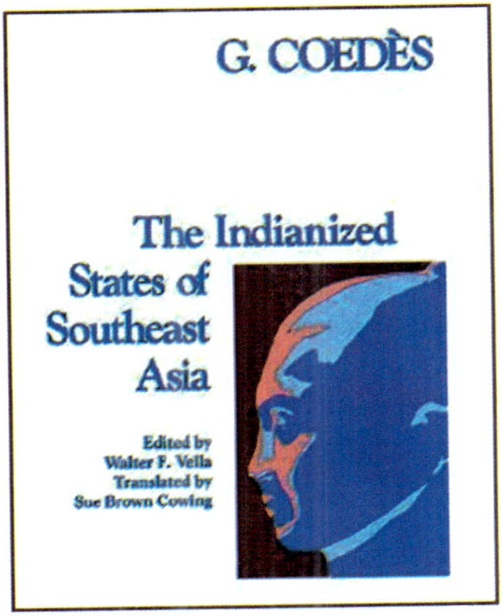

हजारों शिलालेखों के संस्करण और अनुवाद शामिल हैं। इसे सीडेस की महान् कृति कहा जाता है।

प्राचीन श्रीविजय राज्य की पुन: खोज का श्रेय भी जॉर्ज सीडेस को ही जाता है। यह राज्य आधुनिक इंडोनेशियाई शहर पालेमबेंग के निकट स्थित था, परंतु इसका प्रभाव सुमात्रा से होता हुआ मलय प्रायद्वीप एवं जावा तक फैला था। पालेमबेंग क्षेत्र में रहने वाले लोगों के अतिरिक्त कई अन्य इंडोनेशियाई लोगों ने 1920 के दशक तक श्रीविजय राज्य के बारे में सुना भी नहीं था। इन्हें डच एवं इंडोनेशियाई समाचार-पत्रों में सीडेस की खोज के प्रकाशन के बाद इसके संबंध में जानकारी मिली। हालाँकि शिक्षित एवं अभिजात वर्ग में इन राज्यों के इतिहास तथा उनकी शाही वंशावली के संबंध में पर्याप्त जानकारी थी।

http:// en.wikipedia.org/wiki/George_Coed%C3%A8s

इंडोनेशिया में हिंदू धर्म (गैर-भारतीय हिंदू)

इंडोनेशिया विश्व में सबसे अधिक मुस्लिम आबादी वाला धर्म निरपेक्ष देश है। यह विभिन्न संस्कृतियों का अनोखा संगम है। सन् 2007 तक के आँकड़ों के अनुसार (हिंदू धर्म परिषद् के अनुसार) इंडोनेशिया में हिंदू धर्म को मानने वाले लोगों की संख्या लगभग 80 लाख है, जो विश्व में गैर-भारतीय मूल के हिंदुओं में सबसे अधिक है। गैर-भारतीय मूल के हिंदू अन्य दक्षिण-पूर्व

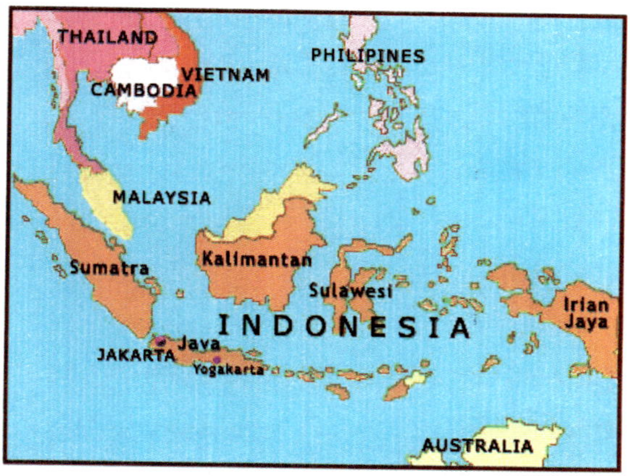

एशियाई देशों में भी रहते हैं। थाईलैंड (थाई ब्राह्मण), वियतनाम एवं मलेशिया (मलक्का चेट्टी) इनमें प्रमुख हैं। इस्कॉन श्रद्धालुओं की नित-निरंतर बढ़ती संख्या

भी गैर-भारतीय मूल के हिंदुओं की ही है।

इंडोनेशियाई हिंदुओं की संख्या 80 लाख विश्व में चौथी सबसे अधिक हिंदू आबादी है। पहले स्थान पर भारत (100 करोड़), दूसरे पर नेपाल (2.5 करोड़), तीसरे स्थान पर बांग्लादेश (1.2 करोड़) एवं चौथे स्थान पर इंडोनेशिया (80 लाख) है। वृहद हिंदू जनसंख्या वाले अन्य राष्ट्रों में पाकिस्तान (70 लाख) एवं श्रीलंका (25 लाख) हैं।

इंडोनेशिया की अधिकांश हिंदू जनसंख्या बाली द्वीप, जावा, सुमात्रा, लोंबोक, कालीमंतन एवं सुलावेसी में निवास करती है। इनके अतिरिक्त अन्य द्वीपों में भी पर्याप्त संख्या में हिंदू आबादी है। मध्य कालीमंतन में 15.8 प्रतिशत हिंदू जनसंख्या है। पिछले कुछ वर्षों में कई लाख जावा निवासी अपने प्राचीन हिंदू धर्म की ओर लौटे हैं।

रोमा या बंजारे—भारतमाता की खोई संतानें

यूरोप और अमेरिका के लगभग 2 करोड़ रोमा या बंजारे भारतीय मूल के हैं। कहा जाता है कि करीब एक हजार से पंद्रह सौ वर्ष पहले सिंध और राजस्थान क्षेत्र से बंजारे यूरोप गए थे। प्रचलित किंवदंती के अनुसार पाँचवीं शताब्दी में (420-438 ईसवी) प्राचीन ईरान पर राज करने वाले ससानिद साम्राज्य के शासक बहराम गुल ने एक भारतीय राजा से करीब 10,000 संगीतज्ञों एवं नर्तकों को हिंदुस्तान (राजस्थान, पंजाब और सिंध) से बुलवाकर उन्हें अपने देश में बसाया था। प्रचलित मान्यताओं के अनुसार, इनमें से अनेक कलाकार बाइजेंताइन और यूरोप की ओर स्थानांतरित होते रहे हैं 1001 ईसवी में मोहम्मद गजनी के साथ शुरू हुए इस्लामिक आक्रमण के बाद कई अन्य रोमा भी भारत से पलायन कर गए। इन कलात्मक, सौम्य एवं शांतिप्रिय लोगों ने यूरोपीय ज्ञान, संगीत, नृत्य, संस्कृति, विज्ञान, तकनीक, स्वास्थ्य योजनाओं एवं धार्मिक विचारों के क्षेत्र में अपना व्यापक योगदान दिया। उन्होंने रूस, भूमध्य सागरीय एवं बाल्कान (Balkan) क्षेत्रीय संगीत पर भी अपना गहरा प्रभाव छोड़ा था। स्पेन पहुँचने वाले बंजारे वहाँ के

सेफार्दिक यहूदियों के संपर्क में आए और फ्लेमेंको (Flemenco) संगीत का जन्म हुआ। वास्तव में फ्लेमेंको नृत्य और भारतीय शास्त्रीय नृत्य में आज भी काफी समानता देखने को मिलती है। परंतु इतना सब होते हुए भी ये मानव इतिहास के अज्ञात नायक ही रहे और इनके योगदान के बारे में जानकारी बहुत कम ही है। दूसरी ओर ये संपूर्ण इतिहास में धार्मिक एवं जातीय आधार पर प्रताड़ित, अपमानित किए जाते रहे। इनमें से लगभग 10 लाख लोग नाजी (Nazi) गैस चैंबरों में जला दिए गए। यूरोप में उथल-पुथल के समय उनके हजारों स्वास्थ्य सेवकों एवं दाइयों (mid-wives) को प्रताड़ित होकर जान से हाथ धोना पड़ा।

विश्वविख्यात रोमा भारतीयों के कुछ उदाहरण

नोबेल पुरस्कार विजेता डॉ. ऑगस्त क्रो (डेनमार्क, 1920 में चिकित्सा क्षेत्र में पुरस्कृत), ब्राजील देश के राष्ट्रपति वाशिंगटन लुइस (1926-30) एवं जसेलिनो कुबित्शेक (1956-61), विश्वविख्यात चित्रकार पिकासो, टेनिस खिलाड़ी इलीया नत्सी, अभिनेता सर चार्ली चैप्लिन, सर माइकेल केन, यूल ब्रेनर, जेम्स बॉण्ड, अभिनेता सर शॉन कोनेरी एवं रॉजर मूर तथा गायक एल्विस प्रेसले, अनेक ओलंपिक मेडल विजेता खिलाड़ी भारतीय मूल के बंजारों के ही वंशज हैं।

इंडोनेशियाई हिंदुओं की प्राचीनता

ईसाई एवं इस्लाम के आगमन से पहले इस क्षेत्र में पूरी तरह हिंदू एवं बौद्ध धर्म-दर्शन की धारा प्रवाहित थी। इंडोनेशियाई द्वीप-समूह में हिंदू एवं बौद्ध धर्म का आगमन पहली सदी के आस-पास हुआ था। इसके कारण कुतई, मातरम, श्रीविजय, मजपहित आदि हिंदू-बौद्ध साम्राज्यों का उदय हुआ। इंडोनेशिया में मजपहित साम्राज्य सबसे बड़ा हिंदू राज्य था। इस द्वीप-समूह में हिंदू-बौद्ध साम्राज्यों का कालखंड इस्लामिक साम्राज्यों के विस्तार का क्रम शुरू होने के साथ सोलहवीं सदी तक जारी रहा। इंडोनेशिया में सोलह सौ वर्षों तक जारी

रहे हिंदू साम्राज्य के कालखंड को इंडोनेशिया का स्वर्णयुग भी कहा जाता है। इंडोनेशियाई भाषा एवं संस्कृति पर हिंदू धर्म तथा प्राचीन भारतीय परंपरा के अमिट प्रभाव को उसकी एक विशेषता भी माना जाता है; दैवीय शासक की भारतीय अवधारणा का इंडोनेशियाई नेतृत्व पर आज भी प्रभाव देखने को मिलता है और प्राचीन भारतीय महाकाव्यों के रूपांतरण एवं आधिकारिक साहित्यिक कृतियों के लिए संस्कृत का प्रयोग आज भी किया जाता है।

प्रांबनन मंदिर मध्य जावा में योग्यकर्ता के निकट 9वीं सदी में हिंदू मातरम शासनकाल के समय बनाया गया था। यह मंदिर त्रिमूर्ति को समर्पित है, जिसमें सृष्टि के निर्माता (ब्रह्मा), पालक (विष्णु) एवं संहारक (शिव) स्वरूप समाहित हैं। मूलतः मंदिर प्रांगण में 240 मंदिर थे। यूनेस्को की विश्व धरोहर सूची में शामिल यह मंदिर इंडोनेशिया का सबसे बड़ा हिंदू मंदिर है और दक्षिण-पूर्वी एशिया के सबसे बड़े हिंदू मंदिरों में से एक है। अन्य हिंदू मंदिरों की तरह ऊँचा एवं नुकीला ढाँचा इसकी विशिष्ट पहचान है तथा मंदिर परिसर में अनेक छोटे मंदिरों के बीचोबीच 47 मीटर (154 फीट) ऊँची मध्य इमारत स्थित है। दक्षिण-पूर्वी एशिया के सबसे आकर्षक मंदिरों में से एक 'प्रांबनन मंदिर' विश्व भर के पर्यटकों को आकर्षित करता है।

'बोरोबुदर या बड़ाबुदर' 9वीं सदी में शैलेंद्र राजवंश के शासनकाल में बना एक अन्य भव्य स्मारक है। यह भी मध्य जावा में योग्यकर्ता के निकट स्थित है। यह एक महायानी बौद्ध स्मारक है। इस स्मारक में छह चौकोर चबूतरे (मंच) हैं, जिन पर तीन गोलाकार मंच निर्मित हैं और उन्हें सहारा देती 2,672 पट्टियों (पेनल) पर 504 बुद्ध प्रतिमाएँ स्थित हैं। इसके शीर्ष मंच के मध्य प्रमुख गुंबद स्थित है तथा उसके चारों ओर एक छिद्रित स्तूप के भीतर

72 बुद्ध प्रतिमाएँ स्थित हैं। यह स्थान भगवान् बुद्ध का मंदिर एवं बौद्ध तीर्थ स्थल, दोनों है। इंडोनेशिया के बौद्ध हर वर्ष इस स्मारक पर 'वेसाक पर्व' मनाते हैं। बोरोबुदर इंडोनेशिया के सबसे प्रसिद्ध पर्यटन स्थलों में से एक है। इस स्मारक को भी यूनेस्को द्वारा विश्व धरोहर सूची में शामिल किया गया है।

धार्मिक आस्थाएँ एवं जाति प्रथा

इंडोनेशिया में हिंदू धर्म भारत से काफी अलग है, क्योंकि वहाँ भारतीय जाति व्यवस्था को कभी सख्ती से लागू नहीं किया गया। बाली की जाति व्यवस्था सामाजिक सांगठनिक स्वरूप है, जो भारतीय जाति व्यवस्था के समान है और उससे अलग भी।

बाली द्वीप में केवल चार जातियाँ हैं। इन चारों के नाम हैं—

शूद्र : बाली की आबादी का 90 प्रतिशत से अधिक मुख्यतः किसान हैं।

वेसिया (वैश्य)	:	व्यापारियों एवं प्रशासनिक अधिकारियों की जाति।
सत्रिय (क्षत्रिय)	:	योद्धा जाति, इसमें कुछ राजवंशी एवं राजा भी आते हैं।
ब्राह्मण	:	पुरोहित व पुजारी।

आजकल जाति व्यवस्था का उपयोग अधिकांशत: धार्मिक समारोहों में ही किया जाता है, जहाँ अन्य जातियों के लोग ब्राह्मण जाति (पेदांद) के लोगों को समारोह संचालन करने की जिम्मेदारी सौंपते हैं।

छठी सदी के उत्तरार्ध में बाली में एक सुदृढ क्षत्रिय साम्राज्य स्थापित था। लेकिन हिंदू मजपहित साम्राज्य के पतन एवं अनेक जावाई संघर्षों के कारण बाद में जावा एवं बाली से अधिकांश क्षत्रिय परिवार समाप्त हो गए। आज बाली के लगभग सभी क्षत्रिय स्वयं को राजा देव अगुंग के शाही परिवार का वंशज मानते हैं, जिनका यहाँ 500 वर्ष पहले शासन था। हालाँकि स्वयं को आर्य दमार का वंशज कहलाने वाले कुछ मूल क्षत्रियों को वेसिया समुदाय से निर्वासित कर दिया गया था। इस तरह आज बाली की कुल हिंदू जनसंख्या में क्षत्रिय समाज की संख्या 4 प्रतिशत है।

जामू या इंडोनेशियाई आयुर्वेद

इंडोनेशिया में जामू दवाएँ बनाने की पारंपरिक विधि है। इस पर भारतीय आयुर्वेद का गहरा प्रभाव है। यह मुख्यत: प्राकृतिक संसाधनों से निर्मित दवाएँ होती हैं, जो पौधों की जड़ों, पत्तियों एवं छाल तथा फलों से बनाई जाती हैं। इनमें पशुओं से प्राप्त सामग्री का भी उपयोग होता है, जैसे बकरी एवं घड़ियाल की खाल।

कई बड़े शहरों में ठेलों आदि पर जामू की पारंपरिक औषधियाँ बेची जाती हैं। दवाएँ बेचने वाले अपने साथ ताजा पेय भी रखते हैं, जो आमतौर पर कड़वा होता है, लेकिन मिठास के लिए उसमें शहद मिलाया जाता है। इसके अतिरिक्त, एयर मंकूर, न्योन्या मिनीर या जामू जागो नामक बड़ी कंपनियाँ भी पारंपरिक जामू दवाओं का उत्पादन करती हैं। ये विभिन्न दवा की दुकानों पर थैलियों में बेची जाती हैं। आजकल पारंपरिक दवाएँ पाउडर, गोलियों, कैप्लेट एवं कैप्सूल रूप में भी बिकती हैं।

इंडोनेशिया में हिंदू पुनरुत्थान

पहली सदी से लेकर 1600 वर्षों तक इंडोनेशिया मुख्यत: एक हिंदू राष्ट्र था। अरब, केरल एवं गुजरात से आने वाले मुस्लिमों ने इसे बाद के पाँच सौ वर्षों में इस्लाम में धर्मांतरित किया। आज इंडोनेशिया विश्व का सबसे बड़ा मुस्लिम राष्ट्र है। इसके साथ ही यह भी आश्चर्य का विषय है कि भारत के बिना किसी सहयोग के पिछले 400 वर्षों तक इस्लाम एवं ईसाइयत के धर्मांतरण के हमले झेलने के बाद भी बाली एवं जावा द्वीपों में 60 लाख से अधिक हिंदू रह रहे हैं।

स्थानीय आस्थाओं से समानता

हाल ही के वर्षों में इंडोनेशिया में हिंदू धर्म का पुनरुत्थान देश के सभी भागों में देखने को मिला है। जहाँ एक ओर इंडोनेशियाई संविधान में धार्मिक स्वतंत्रता निर्धारित है, वहीं सरकार ने आधिकारिक तौर पर केवल छह धर्मों को मान्यता दी है— इस्लाम, प्रोटेस्टेंट, रोमन कैथोलिक, हिंदू धर्म, बौद्ध धर्म एवं कन्फ्यूशियसवाद। सरकार स्थानीय जनजातीय मान्यताओं को आधिकारिक धर्म के तौर पर मान्यता नहीं देती। सरकारी तौर पर मान्यता प्राप्त धर्मों के अतिरिक्त धर्मों को मानने वाले लोगों को नास्तिक या अनीश्वरवादी माना जाता है और उन्हें कम्युनिस्ट समझा जाता है।

30 सितंबर, 1965 को सेना ने तख्तापलट के प्रयास का सामना किया और सेना ने कम्युनिस्ट विरोधी हिंसक अभियान का नेतृत्व किया। उन दिनों में कम्युनिस्ट पार्टी ऑफ इंडोनेशिया (पी.के.आई.) को तख्तापलट का दोषी ठहराया गया तथा इसे सफलतापूर्वक कुचल दिया गया। इस सब में लगभग पाँच लाख लोगों के मारे जाने का अनुमान है। उस समय किसी एक आधिकारिक धर्म के साथ अपने संबंध की घोषणा करना देश के लाखों मूल निवासियों के लिए अपनी पहचान बनाए रखने के लिए जीवन और मृत्यु का प्रश्न था

इंडोनेशिया के विभिन्न स्थानीय धर्मों के अनुयायी अपनी मान्यताओं और हिंदू मान्यताओं में अनेक समानताएँ देखते हैं। दोनों मान्यताओं में प्रकृति के मातृ स्वरूप के प्रति असीम श्रद्धा है और विभिन्न रूपों में प्रकृति की उपासना की जाती है। हिंदू प्रकृति के 5 महातत्त्वों पृथ्वी, जल, अग्नि, वायु एवं आकाश को मानते हैं। हिंदू अन्य धर्म के लोगों को बलपूर्वक या छल-कपट से अपने

धर्म में लाने में विश्वास नहीं रखते और अन्य इष्ट एवं उपासना पद्धतियों का भी सम्मान करते हैं।

सत्तर के दशक के पूर्वार्ध में सुलावेसी के तोराजा लोगों ने हिंदू धर्म की विराट् छत्रच्छाया में पूर्वजों के धर्म में लौटने के अवसर को पहले पहचाना था। इसके बाद 1977 में सुमात्रा के कारो बाटाक एवं 1980 में कालीमंतन के गाजू दायक भी हिंदू धर्म की छत्रच्छाया में लौट आए। अनेक स्थानीय जीवात्मवादी एवं जनजातीय धर्मों (जैसे दायक कहारिंगन, सेराम के मानुसेला व न्यूएउलू लोग, सुलाबेसी के ताना तोराजा, संदानीस सुंदा विविटन, तोरोजन अलूक तो दालो तथा बातक मलिम) ने भी अपने अस्तित्व की रक्षा और इस्लाम या ईसाइयत के दबावों से बचने के लिए स्वयं को हिंदू घोषित किया। हिंदू धर्म से जुड़कर भी वे अपनी अलग पहचान बनाए रखने में यशस्वी रहे। सन् 1965 की उथल-पुथल के समय स्वयं को मुस्लिम घोषित करने वाले लाखों जनजातीय लोग अब हिंदूधर्म में लौट रहे हैं।

जावा के मुस्लिमों के बीच हिंदू पुनरुत्थान

सन् 1999 की एक रिपोर्ट में नेशनल इंडोनेशियन ब्यूरो ऑफ स्टेटिस्टिक्स ने माना कि गत दो दशकों में लगभग 100,000 जावा निवासी आधिकारिक तौर पर इस्लाम से हिंदू धर्म में वापस लौटे हैं। लेकिन वास्तविक आँकड़े एक लाख से बहुत अधिक हैं और हिंदू धर्म में वापसी की प्रक्रिया निरंतर जारी है। इंडोनेशिया में हिंदुओं के पास टाटा और बिरला जैसे धनी व्यवसायी नहीं हैं। फिर भी मध्यम वर्ग के हिंदुओं से थोड़ा-थोड़ा संग्रह कर विश्व में सबसे ज्यादा घर वापसी करवाने में सफल हुए हैं। यदि केवल भारत के साधु, संन्यासी, मठ, मंदिर, हिंदू और हिंदू संगठन उनकी नैतिक व आर्थिक सहायता करते हैं तो वे अन्य लोगों तक तेज गति से पहुँचने में सक्षम होंगे और अपने महान् मजपहित पूर्वजों की विरासत को स्थापित करने में सफल हो सकेंगे। भारतीय युवाओं को उनके साथ अधिक-से-अधिक संवाद के लिए छात्रों और प्रोफेसरों के रूप में केंद्रीय जावा विश्वविद्यालय से जुड़ना चाहिए।

हिंदू धर्म में वापसी के कई कारण रहे हैं। धार्मिक मामलों के मंत्रालय के अनुमान के अनुसार 2007 तक इंडोनेशिया में हिंदुओं की संख्या 1 करोड़ थी। (इंडोनेशिया की 'परिषद् हिंदू धर्म' के अनुसार 1 करोड़ 80 लाख है)

जावा विश्व में सबसे अधिक आबादी वाला द्वीप है और दुनिया में सबसे घनी आबादी वाले स्थानों में से भी एक है। इसकी जनसंख्या 13.5 करोड़ है। इंडोनेशिया की 60 प्रतिशत जनसंख्या जावा द्वीप में निवास करती है। इंडोनेशिया की राजधानी जकार्ता पश्चिमी जावा में स्थित है। इंडोनेशिया का अधिकांश इतिहास जावा से ही संबंधित है। यह शक्ति-संपन्न हिंदू-बौद्ध साम्राज्यों, इस्लामिक सल्तनतों और औपनिवेशिक डच ईस्ट इंडीज का भी केंद्र था। 1930 और 1940 के दशक में जावा इंडोनेशियाई स्वतंत्रता संग्राम का भी केंद्र था। जावा का इंडोनेशिया के राजनैतिक, आर्थिक एवं सांस्कृतिक परिवेश पर सबसे गहरा प्रभाव रहा है।

जावा की 90 प्रतिशत से अधिक आबादी मुस्लिम है। जावा के मुस्लिम प्राचीन पारंपरिक अबंगन एवं आधुनिक संत्री धाराओं में बँटे हैं। अबंगन को 'जावाई धर्म' (केजावन) या गैर-पारंपरिक 'जावाई इस्लाम' के नाम से भी जाना जाता है।

अबंगन अधिकांशतः ग्रामीण पृष्ठभूमि से संबंध रखते हैं और उनकी मान्यताओं में मुस्लिम मान्यताओं के साथ-साथ हिंदू, बौद्ध एवं स्थानीय लोक-परंपराओं का भी समावेश है। इसके विपरीत संत्री श्रेणी में अधिकतर शहरी निवासी आते हैं, जिनकी मान्यताएँ मस्जिदों, कुरआन एवं संभवतः इस्लामिक शरियत कानून की ओर झुकी हैं।

सन् 1965 में असफल तख्तापलट प्रयास के दौरान कम्युनिस्ट विरोधी आंदोलन करते हुए सेना ने संत्री वर्ग को अबंगनों के बीच मौजूद कम्युनिस्टों की पहचान के लिए प्रोत्साहित किया था। उस समय कम्युनिस्टों के अलावा कई अन्य लोग भी हिंसा के शिकार हुए थे।

जावा द्वीप में कुछ छोटे-छोटे समुदायों ने हमेशा हिंदू धर्म को ही अपनी प्रमुख सामाजिक पहचान माना है। पूर्वी जावा प्रांत के तेंगर हाईलैंड्स में रहने

वाले लोग इसी वर्ग का उदाहरण हैं।

पूर्वी जावा में टेंगेरीज लोग एक जावाई जातीय समूह हैं, जो दावा करते हैं कि वे मजपहित शासकों के वंशज हैं। उनकी लगभग एक लाख की जनसंख्या पूर्वी जावा में टेंगेर पर्वतमाला (माउंट ब्रोमो) के तीस गाँवों में बसी है।

पंद्रहवीं शताब्दी से पहले टेंगेरीज का इतिहास हिंदू मजपहित साम्राज्य और पूर्व के अन्य हिंदू साम्राज्यों से जोड़ा जाता था। एक किंवदंती के अनुसार, जका सेगर और उनकी पत्नी रोरो एंटेंग, टेंगेरीज के पूर्वज हैं। टेंगरीज को जावाई लोगों का एक जातीय उप समूह माना जाता है। वे पुरातन जावाई (मजपहित) बोली बोलते हैं, जो टेंगर जावाई कहलाती है। उनकी बोली में आधुनिक जावाई तत्त्वों का प्रभाव देखा जा सकता है। प्राचीन जावाई ब्रह्मी लिपि पर आधारित उनकी अपनी लिखित कावि लिपि है।

माउंट ब्रोमो, जॉको सेगर और रोरो एंटेंग की कहानी

माउंट टेंगर और माउंट सेमेरु के साथ ही माउंट ब्रोमो भी पूर्वी जावा में सबसे खूबसूरत स्थानों में से एक है। माउंट ब्रोमो के शिखर से सूर्योदय देखना पहाड़ पर आने वाले पर्यटकों के लिए बहुत ही रोमांचक अनुभव होता है। यह एक सक्रिय ज्वालामुखी है और आस-पास के क्षेत्रों के लोग अग्नि देवता को अर्पित करने के लिए विभिन्न वस्तुएँ लेकर आते हैं। कहानी कुछ ऐसी है—

सैकड़ों वर्ष पूर्व, मजपहित साम्राज्य के अंतिम राजा ब्राविजया के शासनकाल में राजा की पत्नियों में से एक ने एक पुत्री को जन्म दिया, जिसका नाम रोरो एंटेंग रखा गया। बाद में युवा राजकुमारी ने जोको सेगर से विवाह किया, जो ब्राह्मण जाति से था। एक दुर्भाग्यपूर्ण स्थिति के कारण दंपती को राज्य छोड़ने के लिए मजबूर किया गया। वे एक पहाड़ी क्षेत्र में आकर बस गए। उन्होंने इस क्षेत्र पर शासन किया और इसे 'टेंगर' नाम दिया, जो उन दोनों के ही नामों से लिया गया था—रोरो एंटेंग और जोको सेगर।

कई वर्षों बाद यह क्षेत्र समृद्ध व संपन्न हो गया, लेकिन रोरो एंटेंग तथा जोको सेगर अप्रसन्न थे, क्योंकि उनके कोई बच्चा नहीं था। निराशा में वे पहाड़ी

की चोटी पर चढ़ गए तथा दिन और रात इस आशा से भगवान् से प्रार्थना करने लगे कि वे सुनेंगे। उनकी प्रार्थना सुनी गई और बेतोरो ब्रोमो ने उन्हें कई बच्चों का आशीर्वाद दिया। हालाँकि युगल को यह वचन देना था कि उन्हें इसके बदले में सबसे छोटे बच्चे का त्याग करना होगा।

रोरो एंटेंग और जोको सेगर को 25 बच्चे हुए। जल्द ही सबसे कम उम्र के बच्चे केसुमा का त्याग करने का समय आ गया, लेकिन माता-पिता सहज रूप से यह नहीं कर सके। उन्होंने बच्चे को छुपाने का प्रयास किया, लेकिन तभी एक विस्फोट हुआ और केसुमा गड्ढे में गिर गया। उन्हें एक दैवीय आवाज सुनाई दी—"मुझे बलिदान देना होगा, जिससे आप सभी जीवित रह सकें। अब से आपको केसोडो के 14वें दिन (टैंगरीज कलेंडर का बारहवाँ महीना) एक वार्षिक अर्पण यज्ञ करना होगा।" यह केसुमा की आवाज थी।

केसुमा के भाई-बहनों ने हर साल अर्पण यज्ञ का आयोजन किया, उन्होंने मनुष्यों के स्थान पर देवताओं को अर्पित किए जाने वाले फल, सब्जियों, चावल और मांस को एकत्र किया। यह परंपरा आज तक पीढ़ी-दर-पीढ़ी जारी है।

मुस्लिमों के बीच हिंदू पुनरुत्थान के चार कारण

- हिंदू मजपहित साम्राज्य की प्रेरणा
- रामायण, महाभारत एवं संस्कृत का प्रभाव
- हिंदू मंदिर या पुर एवं अन्य धर्मस्थलों की महिमा
- शब्द-पालोन एवं जयबाय की भविष्यवाणी

1. हिंदू मजपहित साम्राज्य की प्रेरणा

इंडोनेशिया के राष्ट्रवादियों ने मजपहित साम्राज्य की उपलब्धियों पर बहुत बल दिया। इस हिंदू साम्राज्य ने 16वीं सदी तक इंडोनेशिया के अधिकांश क्षेत्रों पर शासन किया। इससे अनेक इंडोनेशियाई लोग हिंदू धर्म की ओर आकर्षित हुए। पुनरुत्थान का एक उदाहरण महान् हिंदू साम्राज्य मजपहित की राजधानी रहे मोजोकर्तो के निकट त्रोबुलन में प्राचीन मंदिरों के भग्नावशेषों

के आस-पास देखा जा सकता है। एक स्थानीय हिंदू संगठन हाल ही में उत्खनन में प्राप्त हुए मंदिर स्थल का अधिकार लेने के लिए प्रयासरत है, जिससे उसे हिंदू पूजास्थल के रूप में पुनः स्थापित किया जा सके। यह मंदिर सेनापति गजमाडा को समर्पित है, जिसने छोटे से मजपहित हिंदू साम्राज्य को 14वीं सदी में विशाल साम्राज्य में बदल दिया था।

हाल ही में सुकर्णो के पी.एन.आई. परिवार से संबंध रखने वाले अनेक लोगों ने हिंदू धर्म अपनाया है। 'मजपहित के धर्म' (हिंदू धर्म) की ओर वापसी राष्ट्रीय गौरव की बात है।

सेनापति गजमाडा (1290-1364 ई.) अनेक प्राचीन जावाई पांडुलिपियों, कविताओं एवं पौराणिक संदर्भों के अनुसार मजपहित साम्राज्य का प्रधानमंत्री या महापति होने के साथ-साथ एक शक्तिशाली सैन्य शासक भी था, जिसे साम्राज्य को उत्कर्ष पर ले जाने का श्रेय प्राप्त है। उन्होंने दक्षिण-पूर्वी द्वीपसमूह के नुसनतारा को मजपहित साम्राज्य के अधीन करने तक किसी भी तरह के स्वादिष्ट व्यंजन को न खाने की प्रतिज्ञा को पूरा किया। आधुनिक इंडोनेशिया में गजमाडा को प्रमुख राष्ट्रनायक एवं देशभक्ति का प्रतीक माना जाता है।

2. रामायण, महाभारत एवं संस्कृत भाषा का प्रभाव

स्वामी विवेकानंद की जन्मशती के अवसर पर उन पर लिखी एक पुस्तक के प्राक्कथन में डॉ. अहमद सुकर्णो लिखते हैं—"स्वामी विवेकानंद! कैसा अद्भुत नाम! वह एक ऐसे व्यक्तित्व हैं, जिन्होंने मुझे बहुत प्रेरणा दी—मजबूत

बनने की प्रेरणा, ईश्वर का कार्य करने की प्रेरणा, अपने देश की सेवा करने की प्रेरणा, निर्धनों की सेवा करने की प्रेरणा, मानव जाति की सेवा करने की प्रेरणा।"

इंडोनेशिया के वायांग कठपुतली एवं वायांग कुलित प्रदर्शनों के साथ-साथ वायांगवोंग नृत्य तथा अन्य जावाई शास्त्रीय नृत्यों पर हिंदू धर्मग्रंथों रामायण और महाभारत के कथानकों का गहरा प्रभाव है। हालाँकि अब अधिकांश जावाई स्वयं को मुस्लिम कहते हैं, इसके बावजूद वे इन कला विधाओं का अभ्यास करते हैं। जावा में हिंदू धर्म विभिन्न रूपों में और विभिन्न स्तरों पर जीवित है।

इंडोनेशियाई कला विभाग के निदेशक श्री सुदर्शन, जो कि एक मुस्लिम हैं, ने एक बार बताया—"यहाँ इंडोनेशिया में हमारी परंपरा है कि किसी की मृत्यु के समय स्मारिका शिला पर स्थानीय भाषा में महाभारत या रामायण के कुछ श्लोक लिखे जाते हैं। हालाँकि हम मुस्लिम हैं, फिर भी हम राम

और कृष्ण के प्रति असीम श्रद्धा रखते हैं।" ब्रह्मा, विष्णु एवं महेश को समर्पित मध्य जावा स्थित 10वीं सदी के परंबनन मंदिर में अनेक स्थानों पर नक्काशी कर रामायण के श्लोक लिखे गए हैं। योग्यकर्ता के सुल्तान के राजमहल में प्रतिदिन रामायण या महाभारत की कथाओं का कठपुतली प्रदर्शन किया जाता है। परंबनन की इमारत की पृष्ठभूमि में विश्व की एकमात्र दैनिक रामायण आधारित नृत्य-नाटिका को भी उनका प्रश्रय प्राप्त है। इस उत्कृष्ट प्रदर्शन की विशेषता यह है कि इसमें भाग लेने वाले सभी दो सौ कलाकार मुस्लिम हैं। जब नृत्य-नाटिका के मुख्य कलाकारों से पूछा गया कि वे कैसे रामायण का इतनी तन्मयता से प्रदर्शन करते हैं, तो उनका सहज उत्तर था, "इस्लाम हमारा धर्म है, रामायण हमारी संस्कृति है।"

इंडोनेशिया की राजधानी जकार्ता के सबसे महत्त्वपूर्ण स्मारकों, कला के अद्‌भुत उदाहरणों में से एक रथ पर सवार कृष्ण और अर्जुन की भव्य प्रतिमा है। रथ के अश्व हवा में उड़ते हुए से प्रतीत हो रहे हैं। गरुड़ इंडोनेशिया का राष्ट्रीय चिह्न है। इंडोनेशिया की राष्ट्रीय हवाई जहाज कंपनी 'गरुड़ एयरलाइंस' है। देश के राष्ट्रीय पुस्तकालय को परपुस्तकन गणेश या गणेश पुस्तकालय कहा जाता है।

सन् 1997 में आयोजित दक्षिण-पूर्वी एशियाई खेलों का शुभंकर श्री हनुमान थे। दक्षिण-पूर्वी देशों में श्री हनुमान बेहद

लोकप्रिय इष्ट हैं। इन देशों में उन्हें हनुमान, हनुमत, अंजनेय, अंजता या मारुति आदि विभिन्न नामों से जाना जाता है। यथा बाली में हनोमन, जावाई में अनोमन तथा सेंगना, कारली में हलीमन, खमेंर में अजंत या अनुजित, लाओस में हनमोन, हुलाहमान, हनुमान, ह्योनाहमान, ह्यूराहमान आदि, मलय में हनुमान, हनुमान केस पुतिह, केरा केचिल इमाम तेरगंगा, पहलवान दारा, मरनाओं में लक्ष्मण (लक्ष्मण को मंगवर्ण के रूप में भी जाना जाता है।) सिंहली में हनुम्त, तमिल में अनुमन, थाई में अंचल या वेनन तथा तिब्बती में हनुमंथ या हनुमंत। कई हिंदू बौद्ध मिथकीय पात्र जावाई और बाली मिथकों में भी मिलते हैं, जैसे कि असंख्य हिंदू देवता, असुर, अप्सराएँ आदि। अनेक हिंदू व बौद्ध देवता तथा नायक, असुर, अप्सराओं, किन्नरों जैसे पौराणिक पात्र जावाई एवं बाली पौराणिक संदर्भों का हिस्सा बने हैं।

अहमद सुकर्णो सन् 1945 से 1967 तक इंडोनेशिया के राष्ट्रपति रहे। उनके पिता एक सच्चे मुस्लिम की तरह प्रत्येक शुक्रवार को कुरआन पढ़ते थे और सप्ताह के अन्य छह दिन रामायण व महाभारत का पाठ करते थे। उन्हें महाभारत का पात्र 'कर्ण' सबसे प्रिय था, क्योंकि कर्ण वीरता, प्रताप एवं दानवीरता का मूर्तरूप था; लेकिन कर्ण अधर्म या दुष्ट लोगों के पक्ष में था सुकर्णो के पिता चाहते थे कि उनके पुत्र में कर्ण जैसे सभी अच्छे गुण हों। साथ ही वे यह भी चाहते थे कि वह धर्म एवं न्याय मार्ग पर चले। इसलिए उन्होंने अपने पुत्र का नाम 'सुकर्णो' अथवा 'अच्छा कर्ण' रखा था। जब सुकर्णो डच सरकार के खिलाफ अपने देश की स्वतंत्रता के लिए

लड़ रहे थे तो उन्हें गिरफ्तार कर दूर-दराज के एक द्वीप पर एकांत कारावास में रखा गया था। जब उन्हें अपने संघर्ष को जारी रखने की उम्मीद कम होती दिखी तो उन्होंने डच भाषा में स्वामी विवेकानंद के प्रेरणादायी लेख तथा भाषण पढ़े। इसने उन्हें संघर्ष को जारी रखने के लिए प्रेरित किया और अंतत: उन्हें अपने देश को स्वतंत्र कराने में सफलता मिली। उन्होंने कहा, "प्रत्येक इंडोनेशियाई के रक्त में भारतीय संस्कृति जीवित है।"

जब भी राष्ट्रपति सुकर्णो के सामने कोई राजनीतिक और प्रशासनिक समस्या आती तो वे स्वामी विवेकानंद की प्रेरणादायी पुस्तकें मँगवाने के लिए अपना वायुसेना का यान सुरबाया में रहने वाले अपने एक भारतीय मित्र एवं स्वतंत्रता सेनानी भगवानदासजी के पास भेजते थे।

स्वर्गीय स्वामी रंगनाथनंदजी ने सन् 1964 में लिखी अपनी पुस्तक 'एटर्नल वैल्यूज फॉर ए चेंजिंग सोसाइटी' (Eternal Values for a Changing Society) में इंडोनेशिया की यात्रा के समय राष्ट्रपति सुकर्णो के साथ अपनी भेंटवार्त्ता का वर्णन किया है। वे लिखते हैं—"हालाँकि राष्ट्रपति ने मुझे केवल 20 मिनट का समय दिया था, लेकिन हमारी बातचीत एक घंटे से भी अधिक देर तक चली। श्री सुकर्णो ने मुझे बताया कि प्रत्येक रात्रि वे सोने से पहले स्वामी विवेकानंद के संकलित साहित्य में से कम-से-कम दो पृष्ठ जरूर पढ़ते हैं।"

जब राष्ट्रपति सुकर्णो एक कन्या के पिता बने, उस समय जकार्ता में आसमान पर बादल छाए हुए थे, इसीलिए उन्होंने अपनी पुत्री का नाम 'मेघवती' रखा। बाद में सुकर्णो की पुत्री मेघवती 2001 से 2004 तक इंडोनेशिया की राष्ट्रपति चुनी गईं। सुकर्णोपुत्री संस्कृत भाषा के आधार पर रखा गया एक

गोत्रीय नाम है, जिसका अर्थ है सुकर्णो की पुत्री। उनके बाद राष्ट्रपति बनने वाले सुशीलो युधोयोनो का नाम भी संस्कृत आधारित है। इंडोनेशिया के जाने-माने राजनीतिज्ञों के कार्तिकेय मोहम्मद, विष्णु मोहम्मद, इंद्र मोहम्मद, महातिर मोहम्मद और वीर हरि मोहम्मद जैसे नाम सुनकर हम भारतीय आश्चर्यचकित हो सकते हैं। इसी तरह वहाँ की कुछ मुस्लिम महिलाओं के नाम सीता, सावित्री, द्रौपदी एवं परमेश्वरी भी हैं। सच तो यह है कि इंडोनेशिया के मुसलमान रामायण और महाभारत अनेक भारतीयों से भी अधिक जानते हैं। इंडोनेशिया में ईद की पूर्वसंध्या पर मुस्लिम परिवार एक साथ बैठकर इन महाकाव्यों की कथाओं का पाठ करते हैं। यही नहीं, इंडोनेशियाई लोग अपने जीवन के प्रत्येक क्षेत्र में भारतीय देवी-देवता और उनके चिह्नों का उपयोग करते हैं, चाहे यह घरों के मुख्य द्वार पर हो या फिर किसी शुभ कार्य की शुरुआत के समय। हिंदू धर्म उनकी संस्कृति का और संस्कृत उनकी भाषा का हिस्सा है। इंडोनेशिया के संविधान का मूल दर्शन भी पंचशील कहलाता है, जिसका संस्कृत में अर्थ है पाँच सिद्धांत।

योग्यकर्ता, सुमात्रा, बाली एवं मदुरा जैसे शहरों के नाम भी संस्कृत से हैं। इंडोनेशिया की राजधानी को 'जयकर्ता' कहा जाता है अर्थात् विजय का नगर। (यूरोपीय उपनिवेशवादियों द्वारा जकार्ता गलत उच्चरित किया जाता है।)

मुस्लिम अपने बच्चों को इस्लाम के पाँच सिद्धांतों के बारे में हिंदू धर्म के माध्यम से शिक्षित करते हैं। प्रत्येक सिद्धांत पाँच पांडवों की चारित्रिक विशेषताओं को इंगित करते हैं—शक्ति का प्रतीक भीम, निष्ठावान युधिष्ठिर आदि।

जावा द्वीप के सुरबाया शहर में एक प्राचीन मस्जिद के जीर्णोद्धार के अवसर पर आमंत्रित इंडोनेशिया के भूतपूर्व राष्ट्रपति स्व. अब्दुल रहमान वाहिद ने आयोजकों से कुरआन पढ़ने से पहले वहाँ भारत से एक पुजारी को बुलाकर विघ्नेश्वर पूजा करवाने के लिए कहा था। इसके बाद केरल से एक हिंदू पुजारी को विशेष रूप से बुलाया गया एवं श्री वाहिद पूजा में पूरे समय उपस्थित रहे। सौम्य, सहिष्णु एवं विभिन्न रूपों में आज भी अस्तित्ववान, जहाँ

हिंदुत्व उपस्थिति की बिल्कुल आशा नहीं होती—यही हिंदू धर्म की विशेषता एवं सुंदरता है। यह इंडोनेशिया में इस्लाम के विनम्र एवं उदार स्वरूप का भी दर्शन कराता है और यह प्रेरणा की बात है कि वे अपने प्राचीन हिंदू संस्कृति और दर्शन के साथ 21वीं सदी में भी आगे बढ़ रहे हैं।

सन् 1990 के दशक में अनेक एशियाई देशों के साथ ही इंडोनेशिया भी गंभीर वित्तीय संकट से गुजरा। अमेरिकी डॉलर के समक्ष अपने रुपए की कीमत को स्थिर करने हेतु इंडोनेशियाई सरकार ने विश्व के विशेषज्ञों के परामर्श से अनेक कदम उठाए, किंतु सफलता नहीं मिली। अंत में इंडोनेशियाई सरकार ने 20,000 रुपए के पुराने नोट वापस ले लिये और भगवान् गणेश (विघ्नहर्ता) के चित्र वाले नए नोट छापे और गिरावट रुक गई। इंडोनेशिया के सारे करेंसी नोटों पर शीर्ष में बाईं ओर गरुड़ भगवान का चित्र अंकित रहता है। मुद्रा (currency note) पर हस्ताक्षर करने वाले गवर्नर को 'कुबेरनर' कहते हैं। इंडोनेशिया के प्रतिष्ठित इंजीनियरिंग कॉलेज का प्रतीक चिह्न भी हिंदू देव 'गणेश' हैं। मुस्लिम बहुल देश में इस शैक्षणिक संस्थान की काफी प्रसिद्धि है।

अनेक इंडोनेशियाई अपने भाई-बहनों में अपना जन्मक्रम दर्शाने के लिए भी संस्कृत शब्दों का प्रयोग करते हैं। पहले जन्मे बच्चे के नाम में एक या एको दूसरे बच्चे के नाम में द्वी, तीसरे के नाम में त्री, चौथे के नाम में चतुर एवं पाँचवें बच्चे के नाम में पंच या पंचों होता है। इसके कुछ उदाहरण हैं—एको यूली इरावान (भारोत्तोलक), रिज्की द्वी रामधन (इंडोनेशियाई सुपर लीग फुटबॉल खिलाड़ी), त्रियनिंग सिंह, चतुर पामुंगकास आदि।

3. हिंदू मंदिर या पुर एवं अन्य धर्मस्थल

जावा का नया हिंदू समुदाय अपना ध्यान नवनिर्मित मंदिर (पुरा) या पुरातात्त्विक मंदिर क्षेत्रों (चंडी) पर केंद्रित कर रहा है, जिन्हें हिंदू पूजास्थल के रूप में पुनः अपनाया जा रहा है। पूर्वी जावा में जावा के सबसे ऊँचे सुमेरु पर्वत की ढलान पर स्थित पुर मंदरागिरी सुमेरु अगुंग एक प्रसिद्ध मंदिर है।

एक अन्य नवनिर्मित मंदिर पुरा अगुंग बलामबंगन क्षेत्र के आस-पास भी हिंदू धर्म में सामूहिक वापसी हुई है। पुरा अगुंग बलामबंगन का निर्माण जावा के अंतिम हिंदू राजतंत्र बलामबंगन राज्य के आंशिक पुरातात्त्विक अवशेषों वाले स्थान तथा पुरा लोक मोक्ष जयबाय, जहाँ हिंदू राजा एवं संत जयबाय को आध्यात्मिक ज्ञान (मोक्ष) प्राप्त होना प्रसिद्ध है, के निकट किया गया है।

पूर्वी जावा में एक अन्य स्थान 'पुरा पुचक रांग' है, जिसका वर्णन बाली साहित्य में आता है। 5वीं शताब्दी में यहीं से ही महर्षि मार्कंडेय के माध्यम से हिंदू धर्म बाली पहुँचा था।

ऐतिहासिक तथ्य है कि पूर्वी जावा में इस्लामीकरण का स्पष्ट विरोध होता रहा है। अब मध्य जावा में भी परंबनन के प्राचीन स्मारकों के निकट हिंदू समुदाय में वृद्धि हो रही है।

तेंगरीस एवं ओसिंग जैसे कुछ विशिष्ट स्थानीय समूह भी हिंदू धार्मिक परंपराओं से जुड़े हैं। हाल ही में निर्मित कई हिंदू मंदिरों (पुरा) के कारण भी हिंदू धर्म में वापसी में सहयोग मिला है।

इस्लामिक विश्वविद्यालय में पुस्तकशाला मंदिर का मिलना

http://www.abc.net.au/news/2010-01-15/temple-discovery-reveals-clues-of-indonesias-past/1210552

नौवीं से दसवीं शताब्दी के अंतराल में निर्मित प्राचीन पुस्तकशाला मंदिर (जिसे किंपुलन भी कहा जाता है) मध्य जावा के योग्यकर्ता की इंडोनेशिया इस्लामिक यूनिवर्सिटी के परिसर में स्थित है। विश्वविद्यालय में एक नवीन

पुस्तकालय भवन के निर्माण के लिए नींव की खुदाई के दौरान 11 दिसंबर, 2009 को इसका पता चला था। इसने जनता का ध्यान आकर्षित किया और उनमें कौतूहल व जिज्ञासा उत्पन्न हुई। यह मंदिर जमीन से पाँच मीटर नीचे दबा हुआ था। मंदिर के कुछ हिस्सों का उत्खनन उसकी चौकोर पत्थर की दीवारों एवं गणेश, नंदी व शिवलिंग की मूर्तियों को बाहर लाने के लिए किया गया। इंडोनेशिया में गणेश को अध्ययन, बौद्धिकता, समझ-बूझ एवं ज्ञान का देवता माना जाता है।

मुस्लिम बहुल इंडोनेशिया ने माता सरस्वती की मूर्ति वाशिंगटन, अमेरिका को भेंट की

संयुक्त राज्य अमेरिका की राजधानी वाशिंगटन डी.सी. में स्थित भारतीय दूतावास से एक ही ब्लॉक की दूरी पर कमल के फूल पर विराजमान माता सरस्वती की मूर्ति स्थापित है।

http%//www.ndtv.com/article/world/muslim-majority-indonesia-gifts-goddess-saraswati-s-statue-to-us-377194

4. शब्द-पालोन एवं जयबाया की भविष्यवाणी

शब्द-पालोन एवं जयबाया की भविष्यवाणियाँ और इंडोनेशियावासियों में उनकी स्वीकृति भी लोगों की हिंदू धर्म में सामूहिक वापसी का एक विशेष कारण है।

शब्द–पालोन मजपहित हिंदू साम्राज्य के अंतिम शासक ब्राविजय पंचम के पुरोहित एवं सलाहकार थे। कहा जाता है कि उन्होंने अपने राजा को सन् 1478 में इस्लाम में धर्मांतरित होने पर श्राप दिया था। तब शब्द पालोन ने 500 वर्ष बाद व्यापक राजनीतिक भ्रष्टाचार एवं प्राकृतिक आपदाओं के दौर में स्वयं वापस आने का वचन दिया। उन्होंने कहा कि अपना धर्म छोड़ चुके लोगों को अपने धर्म एवं पूर्वजों की शिक्षाओं की ओर उन्मुख करेंगे तथा हिंदू–जावाई धर्म एवं सभ्यता को पुनः स्थापित करेंगे।

जावा में निर्मित होने वाले नए हिंदू मंदिर सन् 1978 तक पूर्ण हो चुके थे, उदाहरण के लिए बन्युवंगी क्षेत्र का निर्मित पुरा बलामबंगन मंदिर। भविष्यवाणी के अनुसार उसी समय सुमेरू पर्वत में भी विस्फोट हुआ था, जो कि जावा का सबसे ऊँचा पर्वत है और महामेरू नाम से भी जाना जाता है। सन् 2004 में हिंद महासागर में आई सुनामी से 2,20,000 इंडोनेशियाई नागरिकों की मृत्यु हुई। इंडोनेशिया के योग्यकर्ता शहर से 25 किलोमीटर दूर मई 2006 में हिंद महासागर में आए भूकंप के कारण 5,782 लोगों की मृत्यु हुई, जबकि 36,299 घायल हुए तथा इस आपदा में 1,35,000 घर तबाह हो गए और लगभग 15 लाख लोग बेघर हो गए। जावा में जुलाई 2006 के भूकंप के कारण 668 लोगों की जान गई और 65 लोग लापता हुए तथा स्वास्थ्य मंत्रालय के अनुसार 9,299 लोगों का उपचार किया गया।

इन सभी घटनाओं को शब्द पालोन की भविष्यवाणी की सत्यता के

रूप में लिया गया और इससे हिंदू पुनर्जागरण में मदद मिल रही है।

इसी तरह रामालान जयबाया की भविष्यवाणियाँ भी जावा एवं इंडोनेशिया में काफी प्रचलित हैं। इन भविष्यवाणियों पर सोएसेत्रो एवं एरिफ द्वारा सन् 1999 में प्रकाशित पुस्तक 'बेस्ट सेलर' साबित हुई है। जयबाया की भविष्यवाणियों पर भी दैनिक समाचार-पत्रों में निरंतर विचार-विमर्श चलता रहता है। वर्तमान की इंडोनेशियाई जनता में विभिन्न लोकतांत्रिक विषयों की चर्चा में ये प्राचीन भविष्यवाणियाँ भी बहस का हिस्सा हैं।

श्री मपनजी जयबाया का पूर्वी जावा के केदिरी राज्य पर सन् 1135 से 1157 ईसवी तक शासन था। उन्हें अपने पूर्ववर्ती राजा एअरलंग्ग के निधन के बाद जावा को एकीकृत करने का श्रेय दिया जाता है। ऐसा उन्होंने अपने न्यायपूर्ण शासन एवं आम जनता के कल्याण को केंद्र में रखकर किया था।

अनेक हिंदुओं एवं गैर-हिंदुओं का मानना है कि नवीन रतु अदिल अर्थात् न्यायप्रिय राजा के आगमन का समय समीप है, जैसा कि भविष्यवाणी में कहा गया है, "जब लोहा निर्मित गाड़ियाँ बिना अश्वों के दौड़ेंगी एवं यान आकाश में उड़ेंगे' और वह संकट के समय इंडोनेशिया को बचाने एवं पुनः एकीकृत करने के लिए आएँगे तथा एक नए स्वर्ण युग की शुरुआत होगी। इसलिए कई लोग विपदाओं से बचने के लिए अपने पैतृक हिंदू धर्म में लौट रहे हैं।

इस नवजागरण के कारण ही जावा में हिंदुओं की जनसंख्या बाली से अधिक है और यह इंडोनेशिया का सबसे अधिक हिंदू जनसंख्या वाला द्वीप बन गया है।

इंडोनेशिया के अन्य भागों में हिंदू धर्म

लोंबाक एवं सुलावेसी द्वीपों के अनेक संप्रदाय जैसे कालीमंतान तेंगाह के दयाक एवं सुमात्रा के बाटक—हिंदू धर्म, बौद्ध महायान एवं जीववाद के मिले-जुले स्वरूप की उपासना करते हैं। उत्तरी सुमात्रा के मैदान (Medan) के 80,000 तमिल एवं जकार्ता के 7,000 भारतीय भी हिंदू धर्म को मानते हैं।

बाली द्वीप का महान् हिंदू धर्म

http://indahnesia.com/indonesia/BHASHAS/hassles.php

बाली (इंडोनेशिया का एक द्वीप) के 40 लाख हिंदू अपने आप में विशाल वर्ग हैं, जो कि द्वीप की कुल आबादी का 93 प्रतिशत हैं। इंडोनेशिया के महान् हिंदू साम्राज्य मजपहित के हारने और अधिकांश इंडोनेशिया के इस्लाम में धर्मांतरित होने के कारण उनके पूर्वज इंडोनेशिया के विभिन्न द्वीपों से पलायन करके यहाँ आकर बसे थे।

लगभग 20,000 पुरा (मंदिर) एवं तीर्थस्थलों के साथ बाली को 'सहस्र पुरों का द्वीप' या 'देवताओं का द्वीप' भी कहा जाता है। यहाँ का प्रत्येक मंदिर दूसरे की अपेक्षा अधिक सुंदर दिखता है। बाली के अधिकांश मंदिरों में पृथ्वी पर उतरने वाले देवताओं के लिए पाषाण के सिंहासन स्थापित किए गए हैं।

बाली द्वीप का हिंदू धर्म, कला एवं अनुष्ठानों से ओत-प्रोत है; इसमें ग्रंथों, नियमों एवं मान्यताओं के लिए कम ही स्थान है।

बाली द्वीप हिंदू धर्म से अत्यधिक प्रभावित है, संभवतः भारत के किसी भी स्थान से अधिक। बाली की सड़कें विशाल एवं कलात्मक प्रतिमाओं से सुसज्जित हैं। घटोत्कच की त्रिशालकाय प्रतिमा, कर्ण के युद्ध, नदी के तल में भीम का सर्प के साथ युद्ध तथा युद्ध मुद्रा में अर्जुन की प्रतिमाओं को देखकर आश्चर्य होता है।

गरुड़ विष्णु प्रतिमा—विश्व की सबसे ऊँची प्रतिमा एवं व्यावसायिक परिसर

'गरुड़ विष्णु केंचना' बाली की एक विशालकाय एवं अर्धनिर्मित प्रतिमा है, जो इस समय विभिन्न खंडों में विभक्त है। न्योमन नुअर्ता नामक बाली के कलाकार द्वारा तैयार की जा रही प्रतिमा के पूर्ण होने पर भगवान् विष्णु गरुड़ की सवारी करते हुए दिखेंगे (यदि पूर्ण होती है तो)।

पूर्ण होने पर यह प्रतिमा भूमि से 479 फीट ऊँची होगी और उस समय यह दुनिया की सबसे ऊँची प्रतिमा होगी। इसके निर्माण में 4000 टन पीतल एवं ताँबे का उपयोग होगा। (स्टैच्यु ऑफ लिबर्टी, अमेरिका की ऊँचाई केवल 151 फीट है।)

इस अपूर्ण प्रतिमा को देखकर भी बाली संस्कृति की लुभावनी छटा का एहसास होता है। इससे बाली धर्मावलंबियों की लोकशैली का तो पता चलता ही है, साथ ही उस कलात्मक व सांस्कृतिक संघर्ष का भी सहज अंदाज होता है, जिसके कारण गरुड़ विष्णु केंचना बहुत महत्त्वाकांक्षी उपक्रम बनता जा रहा है। मौजूदा अधूरी अवस्था में भी गरुड़ विष्णु केंचना को देखने के लिए 2000 से 3000 पर्यटक प्रतिदिन आते हैं।

कठोर जाति प्रथा नहीं

इंडोनेशिया में हिंदू धर्म भारत एवं विश्व के अन्य स्थानों की अपेक्षा भिन्न है। उदाहरण के लिए इंडोनेशिया में हिंदू धर्म को आगम हिंदू धर्म कहा गया, जिसमें भारतीय जाति प्रथा को कभी कठोरता से लागू नहीं किया गया। बाली के हिंदू भगवद्गीता के अध्याय 4:13 में श्रीकृष्ण द्वारा कहे गए इन शब्दों का अनुसरण करते हैं—चातुर्वर्ण्यं मया सृष्टं गुणकर्म-विभागशः' (मैंने मानव समाज का विभाजन गुर्ण-कर्म के आाधार पर चार वर्णों में किया है। बाली के हिंदू हिंदुत्व के इस विशुद्ध रूप का अभ्यास करते हैं।

मैं (लेखक) सन् 1986 में जब बाली गया था, उस समय वहाँ के सांसद डॉ. इडाबागुस ओका पुनियात्मजा के घर में ठहरा था। उन्होंने मुझे बताया था कि बतौर यूनिवर्सिटी प्रोफेसर वे अभी भी बाली के हिंदू ब्राह्मण हैं; परंतु उनके भाई, जिन्होंने हाल ही में अध्यापन कार्य छोड़कर होटल व्यवसाय शुरू किया है, वे अब वैश्य हो गए हैं।

पुरा बेसाकी में शूद्र समुदाय अग्रणी

इंडोनेशिया के बाली में पुरा बेसाकी प्रमुख हिंदू मंदिर है। वहाँ के प्रमुख ब्राह्मण पुरोहित को उनकी लंबी शिखा एवं श्वेत धोती वाली पोशाक से सहज ही पहचाना जा सकता है। मैंने उन्हें मंदिर के आंतरिक उपक्षेत्र में केवल एक सीमा तक ही जाते देखा। परंतु उनके साथ उपस्थित अन्य व्यक्ति मंदिर में भीतर तक जाते दिखे। डॉ. पुनियात्मजा ने मुझे बताया कि वह व्यक्ति शूद्र

समुदाय का है, जिसे पुरा अथवा मंदिर की देखभाल हेतु रखा गया है। बाली में केवल शूद्र को ही मंदिर के गर्भगृह में प्रवेश की अनुमति होती है। इसके बाद उन्होंने मुझे ऐसे 50 व्यक्तियों की सूची दिखाई, जो मंदिर के रख-रखाव का कार्य करने के लिए शूद्र श्रेणी में शामिल होना चाहते हैं। वाल्मीकि, वेद व्यास, मतंग एवं विदुर जैसे शूद्र ऋषि बाली का हिंदू समुदाय देखकर कितने प्रसन्न होते, इस बरे में सहज ही सोचा जा सकता है।

अति न्यून अपराध दर

http://indahnesia.com/indonesia/BASHAS/hassles.php

बाली विश्व के सबसे कम पुलिस तैनाती वाले स्थानों में से एक है और हिंसक अपराधों की घटनाएँ भी बहुत कम ही देखने को मिलती हैं। इसके विपरीत, उतनी ही जनसंख्या वाले सिंगापुर में अपराध दर एवं पुलिस की मौजूदगी बाली से पाँच गुना अधिक है। बाली में कम अपराध दर का कारण कर्म सिद्धांत (कारण एवं परिणाम का सिद्धांत, जिसके अनुसार हमारे अच्छे एवं बुरे कर्मों के फल मिलते हैं) एवं ग्राम परिषद् (बंजार) में उन लोगों का विश्वास होना है। यह भी सच है कि बाली में अधिकांश अपराधों में जावा,

लोंबोक एवं अन्य द्वीपों के गैर-हिंदुओं का हाथ होता है।

सन् 1986 में मैं इंडोनेशिया की परिषद् हिंदू धर्म के हिंदू सम्मेलन में भाग लेने के लिए बाली गया था। उस सम्मेलन के लिए इंडोनेशिया के विभिन्न द्वीपों से हिंदू आए थे और वे बाली हिंदू विश्वविद्यालय के होस्टल में ठहरे हुए थे। प्रात: 8 बजे चाय व नाश्ते के लिए घंटी बजी और उसके बाद हमें सम्मेलन के उद्‌घाटन के लिए कॉन्फ्रेंस हॉल में एकत्र होना था। चाय पीने के समय सम्मेलन में भाग लेने आए एक प्रतिनिधि मेरे पास आए एवं मुझसे पूछा कि क्या मैं बाली पहली बार आया हूँ। मुझे एहसास हुआ कि संभवत: उन्होंने मेरी किसी अज्ञानता को भाँप लिया है, इसलिए मैंने पूछा कि मुझसे क्या गलती हुई। उन्होंने कहा कि मैंने अपना कमरा बंद कर दिया है। मैंने हामी भरी और कहा कि ऐसा मैंने अपने कीमती सामान यानी पासपोर्ट, कैमरा, टेप रिकॉर्डर आदि की सुरक्षा की दृष्टि से किया। वे बोले, 'इस होस्टल में ठहरे हुए सभी प्रतिनिधि दूर-दराज से आए हैं और उनके पास भी कीमती सामान है; परंतु देखिए, क्या किसी ने भी अपना कमरा बंद किया है? मैंने पलटकर देखा और पाया कि किसी का भी कमरा बंद नहीं था। वे सज्जन गर्व के साथ बोले, "यह बाली है; चोरी एवं अपराध यहाँ नाममात्र को भी नहीं होते।" उन्होंने आगे बताया, "बाली पर सौ वर्षों से भी अधिक शासन करने वाले डच यूरोपीय लोगों का भी किसी डकैती या अपराध से सामना नहीं हुआ था।" अत: बाली में पुलिस, वकील एवं जेलर आदि के लिए तब तक अधिक काम नहीं होता, जब तक कोई विदेशी पर्यटक किसी अपराध को अंजाम न दे दे।

बाली की हिंदू संस्कृति

बाली का हिंदू धर्म स्थानीय एवं पैतृक धाराओं की कला एवं रीति-रिवाजों का संगम है। बाली के ग्रामीण क्षेत्रों में दूर-दूर तक फैले मंदिरों में वहाँ के लोग इन कर्मकांडों के नाटकीय एवं सौंदर्यात्मक प्रारूपों पर जोर देते हैं। भारत की अपेक्षा बाली एवं इंडोनेशिया में रामायण, महाभारत एवं पुराणों के पात्रों की प्रतिमाएँ भी कहीं अधिक देखने को मिलती हैं।

बाली के मंदिरों को 'पुरा' कहा जाता है। इन मंदिरों के मुख्य द्वार बहुत रचनात्मक पद्धति से सजाए गए हैं। जीवनयात्रा की अनेक परिस्थितियाँ भी धार्मिक एवं कलात्मक प्रदर्शन के महत्त्वपूर्ण अवसर होते हैं। यौवन, विवाह एवं मृत्यु के समय दाह-संस्कार के अवसरों पर बाली निवासी सामुदायिक एवं मृत्योपरांत जीवनादि पर अपने विचार प्रकट करते हैं।

बाली का हिंदू धर्म त्रि-हित-कारण की अवधारणा में अटूट विश्वास रखता है। इसके अंतर्गत मनुष्य एवं मनुष्य, मनुष्य एवं प्रकृति तथा मनुष्य एवं ईश्वर के बीच संबंधों के स्थायित्व एवं पोषण पर बल दिया जाता है। भारत में इन्हें क्रमशः समष्टि, सृष्टि एवं परमेष्टि कहा जाता है। बाली के आगम हिंदू धर्म के पवित्र ग्रंथ वेद माने जाते हैं। वे बाली के हिंदू धर्म का आधार हैं। अन्य धार्मिक ज्ञान के स्रोत पुराण एवं इतिहास (रामायण एवं महाभारत) हैं।

हिंदू धर्म का प्रमुख नैतिक ध्येय धार्मिक पवित्रता है। धार्मिक पवित्रता को पारंपरिक रूप में स्थायी रखनेवाला एक अन्य महत्त्वपूर्ण पक्ष है समाज का कर्म के आधार पर विभाजन, अर्थात् जिसे हिंदू धर्म में वर्ण कहा गया है।

ये वर्ण हैं—ब्राह्मण, क्षत्रिय, वैश्य एवं शूद्र। यद्यपि वर्ण व्यवस्था पूरी तरह अस्तित्व में है, परंतु उसका कभी सख्ती से पालन नहीं किया गया। इंडोनेशियाई धर्मावलंबियों के बीच रामायण एवं महाभारत पर आधारित कठपुतली एवं नृत्य-नाटिकाएँ बहुत प्रचलित परंपराएँ हैं। यही कारण है कि इंडोनेशियाई समाज ने आज तक हिंदू धर्म पर आस्था बनाए रखी है।

बाली के रीति-रिवाज पंच यज्ञ

बाली निवासी अपनी परंपराओं एवं संस्कृति के अनुरूप ही हिंदू धर्म का पालन करते हैं। यही कारण है कि बाली द्वीप का हिंदू धर्म भारत के हिंदू धर्म से कुछ अलग है, हालाँकि हिंदू धर्म मूलतः भारत से ही वहाँ गया था। बाली में इसे आगम हिंदू बाली या आगम हिंदू धर्म (अर्थात् धर्म का हिंदुत्व; आगम एक इंडोनेशियाई शब्द है, जिसका अर्थ है धर्म) कहते हैं, जो असल में हिंदू धर्म एवं बौद्ध धर्म का सम्मिश्रण है। जापान, चीन एवं कोरिया में महायान बौद्ध धर्म की उपासना की जाती है।

अपने दैनंदिन जीवन में बाली निवासी बाली के हिंदू धर्म के पाँच सिद्धांतों से निर्देशित होते हैं—मनुष्य का दूसरे मनुष्य के साथ संबंध, पंच यज्ञ सिद्धांत (पंच अर्थात् पाँच एवं यज्ञ अर्थात् पवित्र अनुष्ठान) के आधार पर मनुष्य एवं प्रकृति का संबंध, सर्वशक्तिमान ईश्वर, स्यांग, ह्यांग विधि के प्रति पवित्र अनुष्ठान इस प्रकार हैं—

1. **देव यज्ञ :** देवताओं को समर्पित पवित्र अनुष्ठान
2. **भूत यज्ञ :** प्रकृति के तत्त्वों को समर्पित पवित्र अनुष्ठान
3. **मानुष यज्ञ :** मनुष्य को समर्पित पवित्र अनुष्ठान
4. **पितृ यज्ञ :** दिवंगतों को समर्पित पवित्र अनुष्ठान
5. **ऋषि यज्ञ :** पवित्र आत्माओं को समर्पित पवित्र अनुष्ठान

देव यज्ञ (देवताओं को समर्पित पवित्र अनुष्ठान)

देव शब्द का अर्थ है पवित्र प्रकाश, जो ईश्वर का द्योतक है और बाली

भाषा में यज्ञ पवित्र अनुष्ठान को कहते हैं।

देव यज्ञ देवताओं एवं प्रकाश की उपासना के लिए किया जाता है। देवी-देवताओं की उपासना इसलिए की जाती है, क्योंकि वे विश्व के उत्प्रेरक हैं। देव यज्ञ के अंतर्गत ज्ञानप्राप्ति का प्रारंभ करने से पूर्व ज्ञान की देवी सरस्वती की उपासना की जाती है एवं बाली पंचांग के अनुसार यह सदैव शनिवार को ही होता है। इसे 'सनिस्चर उमानिस उकु वातुगुनंग' कहते हैं। सरस्वती को एक आकर्षक देवी के रूप में माना जाता है, जिसके हाथ में माला, एक संगीत वाद्य एवं ताड़ की पत्तियाँ हैं, जिन पर ज्ञान अंकित है।

भूत यज्ञ (प्रकृति के तत्त्वों को समर्पित पवित्र अनुष्ठान)

'भूत' का अर्थ है निर्मित तत्त्व, भूत शब्द को अकसर विनाशकारी शक्तियों के साथ जोड़कर देखा जाता है। भूतकाल का अर्थ है प्रकृति या तत्त्व और उसकी विनाशकारी शक्ति।

यह अनुष्ठान भूतकला की उपासना के लिए समर्पित है, ताकि उसके साथ सौहार्दपूर्ण संबंध बने और उसकी शक्तियों का उपयोग किया जा सके, अर्थात् उसकी ऐसी विनाशकारी शक्ति को मानव सेवा में, सकारात्मक शक्ति में बदला जा सके।

मानुष यज्ञ (मनुष्य को समर्पित पवित्र अनुष्ठान)

मानुष का अर्थ है मानव। मानुष यज्ञ अनुष्ठान में गर्भावस्था से मृत्यु तक मनुष्य को सुरक्षित एवं शिक्षित करने हेतु उपासना की जाती है।

मानुष यज्ञ के अनुष्ठान हैं—

(क) जन्म अनुष्ठान

इस अनुष्ठान में उन माता-पिता की ओर से प्रसन्नता एवं आभार व्यक्त किया जाता है, जिन्हें अपने बढ़ते दायित्व का भान है। उनकी प्रसन्नता का कारण है—

- संतान की प्राप्ति, जो पूर्वजों के प्रति दायित्व का निर्वाह करेगी।
- संतान द्वारा जन्म के रूप में पितृऋण स्वतः ही चुकता हो जाता है।

(ख) तुतुग कंबुहान, तुतुग संबुतन तथा नामकरण अनुष्ठान

तुतुग कंबुहान इत्यादि अनुष्ठान अभिभावकों की शुद्धता के लिए किया जानेवाला विधान है। बच्चे की शुद्धता, रसोईघर, कुएँ एवं पारिवारिक तीर्थस्थल पर की जाती है। बच्चे के 105 दिन का होने पर यह अनुष्ठान आयोजित किया जाता है। मेपेतिक एक अनुष्ठान है, जो कि बच्चे की आत्मा एवं शरीर की पवित्रता के लिए तुतुग संबुतन के दौरान किया जाता है।

इस दिवस पर बच्चे का नामकरण होता है और उसे कानों में बाली, कंगन, कंठ-हार जैसे आभूषण भी पहनाए जाते हैं। कर्ण-छेदन एवं मुंडन का रिवाज भी संपन्न होता है। सिर के बीच में उगने वाले बालों को बच्चे के पहले जन्मदिवस तक सुरक्षित रखा जाता है।

(ग) वैवाहिक अनुष्ठान

वैवाहिक अनुष्ठान के तीन महत्त्वपूर्ण अर्थ हैं—

- वर एवं वधु को पवित्रता प्रदान करनेवाला अनुष्ठान, ताकि उनकी

संतान ईश्वर एवं अभिभावकों/पूर्वजों के प्रति निष्ठावान रहे।

- पति और पत्नी बनने वाले युवाओं की शारीरिक एवं आध्यात्मिक कुशलता के लिए; ताकि वे जो भी कार्य करें, उसके प्रति वे जिम्मेदार भी रहें।
- वर एवं वधु दोनों की अवस्था के प्रति निर्णय। यद्यपि हिंदू पितृसत्तात्मक पद्धति अपनाते हैं, परंतु मातृसत्तात्मक पद्धति क भी अनुसरण करते हैं। वर द्वारा वधु के परिवार के पदचिह्नों पर चलने की प्रथा को 'न्येनताना' कहते हैं। इसके अनुसार महिला परिवार की मुखिया बनती है। विवाह समारोह मेराजन/संग्गाह केमुलन (पैतृक तीर्थ) के अहाते में संपन्न होता है, इस दौरान वधु बिक्री टोकरी (trading basket) उठाती है एवं हर बार कला सेपेतन से गुजरते हुए दोनों नारियल तंतुओं के तीन टुकड़ों पर पैर रखते हैं। रुकने पर वर कुछ वस्तुएँ खरीदता है और वधु कुछ वस्तुएँ बेचती है। इसके बाद एक परतदार चटाई को फाड़ने की रस्म के साथ-साथ, हल्दी रोपने, एक तनारहित पौधा लेने, पैतृक तीर्थ देखने की प्रथा पूरी होती है। इसके बाद मेपेगतान पार कर विवाह की रस्म पूरी होती है। मेपेगतान एक धागा होता है, जिसे वर एवं वधु टूटने तक खींचते हैं।

पितृ यज्ञ (दिवंगतों को समर्पित एक अनुष्ठान)

http://factsanddetails.com/indonesia/Minorities_and_Regions/sub6_3h/entry-4025.html

पितृ का अर्थ है मृतकों की आत्मा। पितृयज्ञ एक पवित्र अनुष्ठान है, जिसे मृतकों के प्रति आदर के साथ निभाया जाता है। दाह-संस्कार से मानव शरीर पृथ्वी, जल, अग्नि

एवं वायु जैसे उसके मूल तत्त्वों में विलीन हो जाता है।

एक व्यक्ति की मृत्यु के बाद बाली में हिंदू धर्म में तीन अनुष्ठान शामिल हैं। मृत्यु के बाद मृत शरीर (शव) को स्नान करवाया जाता है। सरकार चाहती है कि मृत शरीर को दो सप्ताह के भीतर जला दिया जाए, लेकिन अकसर परिवार उससे ज्यादा लंबे समय तक इंतजार करते हैं। अंत्येष्टि के बाद एक भोज आयोजित किया जाता है। शव को जलाने के बाद मृतक की हड्डियों की राख एकत्र की जाती है तथा अंतिम क्रिया में समुद्र में प्रवाहित की जाती है। ऐसा माना जाता है कि एक बार जब आत्मा अग्नि से शुद्ध हो जाती है, तो उसे पानी से शुद्ध किया जाना चाहिए, जिससे कि वह पुनर्जन्म की प्रक्रिया शुरू करने के लिए स्वर्ग लौट सके। आस्था के अनुसार, इन अनुष्ठानों के पश्चात् मृतक व्यक्ति परिवार के अगले सदस्य के रूप में मानव जीवन में वापस आता है। श्वेत शोक (दु:ख) का द्योतक रहता है।

ऋषि यज्ञ का अनुष्ठान (ज्ञानी व्यक्तियों को समर्पित पवित्र अनुष्ठान)

बाली हिंदुओं के लिए ऋषि का अर्थ है पुरोहित। ऋषि यज्ञ अनुष्ठान के अंतर्गत आध्यात्मिक एवं शारीरिक प्रसन्नता प्राप्त करने के लिए मार्गदर्शन करने वाले ज्ञानी लोगों के प्रति आदर व्यक्त किया जाता है।

बाली के हिंदू अपने दैनंदिन जीवन के प्रत्येक पक्ष, जैसे शिक्षा, आर्थिक, कृषि, सुरक्षा, उद्योग एवं कला में पंच यज्ञ (पाँच पवित्र अनुष्ठान) जरूर आयोजित करते हैं। इन पाँच सिद्धांतों के आधार पर बाली के लोग अपने जीवन में शांति एवं सौहार्द की कामना करते हैं।

स्वर्गद्वीप—बाली

बाली निवासी कला की दृष्टि से बहुत सुसंस्कृत हैं, क्योंकि अकसर प्रत्येक यज्ञ अथवा पवित्र हिंदू अनुष्ठान के बाद नृत्य, संगीत, चित्रों, गीत आदि द्वारा उन व्यक्तियों का मनोरंजन किया जाता है, जो अनुष्ठान में किसी भी रूप में भाग लेते हैं या सहयोग करते हैं। बाली की संस्कृति पूरी तरह बाली

द्वीप के हिंदुत्व या बाली द्वीप पर मानी जानेवाली हिंदू धार्मिक पद्धति से संबद्ध है। बाली को देवताओं का द्वीप, एक सहस्र मंदिरों का द्वीप एवं स्वर्ग-द्वीप भी कहा जाता है। इन सभी नामों से द्वीप पर शांति और सौहार्द झलकता है

आजकल बाली इंडोनेशिया का सबसे संपन्न प्रांत है। इंडोनेशिया 27 प्रांतों से मिलकर बना है। बाली द्वीप बेहतर जीवन चाहने वाले लोगों के लिए El Dorado बन गया है। इंडोनेशिया के सभी क्षेत्रों से लोग यहाँ आते हैं।

संस्कृत से व्युत्पन्न इंडोनेशियाई नाम

इंडोनेशियावासी चाहे हिंदू हों, मुस्लिम हों या ईसाई, इंद्र, कृष्ण, विष्णु, सूर्य, धर्म, राम, लक्ष्मण, सुदर्तो (सिद्धार्थ का जावाई नाम), देवी, परतवी (पृथ्वी), श्री शिंता (सीता), रत्ना, परामिता, कुमाला जैसे हिंदू देवी-देवताओं एवं नायकों के नाम रखते हैं। जावाई या इंडोनेशियाई भाषा में संस्कृत नामों का उच्चारण बिल्कुल मूल की तरह होता है। अंतर केवल अक्षर 'वी' का है, जिसके स्थान पर 'डब्ल्यू' का उपयोग होता है।

श्री मूल्यानी इंद्रवती (जन्म 26 अगस्त, 1962) इंडोनेशियाई अर्थशास्त्री एवं पूर्व वित्त मंत्री हैं। उन्हें 2010 में वर्ल्ड बैंक ग्रुप का प्रबंध निदेशक नियुक्त किया था। इंद्र लेस्मण वहाँ के प्रसिद्ध जैज पियानो वादक हैं। उनका नाम जावाई भाषा से लिया गया है, जिसकी जड़े संस्कृत में हैं। उनके नाम में श्री का अर्थ है प्रताप या फैला हुआ प्रकाश एवं इसे जावावासियों में स्त्री या पुरुष के नाम के साथ आदरसूचक भाव से जोड़ा जाता है। मूल्यानी मूलतः मूल्य शब्द से निकला है, जिसे मूल्यवान या मूल्य को प्रदर्शित करने के लिए किया जाता हैं। इंद्रवती इंद्र नाम से एवं उसके साथ स्त्रियोचित प्रत्यय 'वती' जोड़कर बनाया गया है।

बाली के हिंदू त्योहार

हरि राया गलुंगन : यह धर्म की अधर्म पर विजय के प्रतीक रूप में सबसे बड़ा अवकाश दिवस होता है। इस अवकाश दिवस में 'पेंजोर' की स्थापना की जाती है, जो बाँस निर्मित विशाल स्तंभ होता है, जिसे कच्चे हरे नारियल की पत्तियों, फलों, केक एवं फूलों से सजाकर हर घर के मुख्यद्वार की दाईं ओर सजाया जाता है। इस अवसर पर लोग नए कपड़े एवं आभूषण पहनते हैं।

हरि राया नेपी तहुन बरु सका (Saka) : यह बाली नववर्ष है। इस दिवस पर समूचे बाली द्वीप पर पूर्ण मौन और शांति होती है। इस दिन कोई भी गतिविधि नहीं होती, सड़कें यातायात रहित होती हैं एवं 24 घंटों के दौरान कहीं कोई अग्नि भी प्रज्वलित नहीं की जाती। इस दिवस की पूर्व संध्या पर बुरी आत्माओं को द्वीप के हर कोने से दूर रखने के लिए परिशुद्धता एवं समर्पण से जुड़े अनुष्ठान किए जाते हैं।

हरि राया शिवरात्रि : आत्मज्ञान प्राप्ति हेतु हिंदू समुदाय संग ह्यांग शिव को ध्यान में रखते हुए आत्म-परिष्कार की गतिविधियों का आयोजन करता है।

हरि राया सरस्वती : इस दिवस पर ज्ञान की पुस्तकों, प्राचीन पांडुलिपियों एवं वेदों की उपासना तथा उनके लिए विशेष आयोजन किए जाते हैं।

इंडोनेशिया में भारतीय हिंदू

भारतीय मूल का हिंदू समूह भी इंडोनेशिया का प्रतिष्ठित निवासी है। इनके पूर्वज भारतीय उपमहाद्वीप से यहाँ आए थे। भारतीय विदेश मंत्रालय के अनुसार जनवरी 2012 तक इंडोनेशिया में भारतीय मूल के लगभग 100,000 लोग एवं 9,000 भारतीय नागरिक रह रहे थे अथवा कार्यरत थे। इनमें से अधिकांश लोग मैदान (उत्तरी सुमात्रा) एवं जकार्ता, सुरबया तथा बंदुंग जैसे जावाई शहरों में रहते हैं।

इंडोनेशिया में भारतीय देशांतरण (migration) का इतिहास

प्रागैतिहासिक काल से ही भारतीय उपमहाद्वीप से विभिन्न जनसमूह इंडोनेशिया द्वीपसमूह का रुख करते रहे हैं। उदाहरण के लिए, बाली में ही पहली सदी के मिट्टी के बरतनों के अवशेष प्राप्त हुए हैं। तथ्यात्मक सत्य है कि इंडोनेशिया का नाम लातिनी शब्द 'इंडस' अर्थात् 'इंडिया' एवं यूनानी

शब्द 'नेसोस' अर्थात् 'द्वीप' से बना है, जिसका अर्थ है 'भारतीय महाद्वीप'।

चौथी एवं पाँचवीं सदी तक इंडोनेशिया पर भारतीय संस्कृति के प्रभाव स्पष्ट रूप से दिखने लगे थे। संस्कृत का इस्तेमाल शिलालेखों में होने लगा था। 7वीं सदी से स्थानीय भाषाओं में भारतीय लिपियों का अधिकाधिक प्रयोग दिखने लगा। स्थानीय भाषाओं पर संस्कृत का ही नहीं बल्कि प्राकृत एवं तमिल का भी गहरा प्रभाव है। साथ ही स्थानीय इंडोनेशियाई लोगों ने भी भारतीय धर्मों को अपनाना शुरू किया, विशेषकर शैववाद एवं बौद्ध धर्म को। परंतु कुछ लोग वैष्णववाद एवं तंत्रवाद के अनुयायी बन गए।

यह भी माना जाता है कि इंडोनेशिया में भारतीय काफी संख्या में बस गए और स्थानीय जनता में ही आत्मसात् हो गए। मध्य जावा के 9वीं सदी के लिखित साक्ष्यों में विभिन्न भारतीय लोगों (एवं दक्षिण-पूर्वी एशियाई लोगों) के नामों का उल्लेख है। बाद में इस्लाम के उदय के बाद 11वीं सदी के गुजराती बाशिंदों के माध्यम से इस्लाम यहाँ पहुँचा।

पिछले कुछ वर्षों में भारतीयों का आगमन

भारत से लोग आज भी यहाँ आ रहे हैं। उत्तरी सुमात्रा के मैदान में तमिल समुदाय के करीब 50,000 लोग रहते हैं। पूरे इंडोनेशिया में अनेक उत्तर भारतीय मिलते हैं। आमतौर पर वे वस्त्र व्यापार से जुड़े हैं, लेकिन चीनी मूल के इंडोनेशियाई निवासियों की तरह उनमें से कई दुकानदार हैं।

इंडोनेशिया में भारतीय सदियों से श्री विजय एवं मजपहित साम्राज्यों के समय से रह रहे हैं। ये दोनों हिंदू साम्राज्य थे और भारतीय उपमहाद्वीप का इन पर गहरा प्रभाव था। इसके बाद 19वीं सदी में सुमात्रा के मैदान में बागानों में काम करने के लिए भारतीयों को मजदूरों के रूप में डच यहाँ लाए थे। इनमें से अधिकांश दक्षिण भारत से आए थे, लेकिन कई लोग उत्तर भारत से भी थे। मैदान के भारतीयों में हिंदू, मुस्लिम और सिख समुदाय के लोग हैं। अब ये लोग चार पीढ़ियों से भी अधिक समय से इंडोनेशिया में रह रहे हैं और यहीं के नागरिक या पासपोर्ट धारक हैं।

भारतीय प्रवासियों में हजारों की संख्या में सिंधी समुदाय के परिवार भी शामिल हैं, जो 20वीं सदी के पूर्वार्ध में दूसरे चरण में भारतीय प्रवासियों के साथ इंडोनेशिया आए थे। सिंधी समुदाय अधिकांशतः व्यापार एवं वाणिज्य से जुड़ा है।

इन सभी समुदायों में तमिल और कुछ संख्या में सिख कृषि से जुड़े थे, जबकि सिंधी एवं पंजाबी वर्ग ने वस्त्र व्यापार एवं खेल उपकरणों के व्यापार में सफलता प्राप्त की है।

1970 के दशक में इंडोनेशिया में भारत से बड़े निवेश के साथ ही निवेशकों और प्रबंधकों के पहुँचने की शुरुआत हुई। उद्यमियों एवं व्यवसायिकों के इस समूह ने अगले दो दशकों में आगे और भी विस्तार किया, और अब इनमें इंजीनियर, सलाहकार, चार्टर्ड अकाउंटेंट्स, बैंकर एवं अन्य उद्यमी भी शामिल हैं।

आज इंडोनेशिया में भारतीय समुदाय को बहुत सम्मान की दृष्टि से देखा जाता है। आमतौर पर यह समुदाय समृद्ध है और इसके कई लोग स्थानीय एवं बहुराष्ट्रीय कंपनियों में ऊँचे पदों पर कार्यरत हैं।

आर्थिक कारणों से पिछले कुछ दशकों में भारतीय समुदाय के अधिकांश व्यापारी एवं व्यवसायी मैदान और सुरबया जैसे बाहरी क्षेत्रों से जकार्ता में स्थानांतरण कर चुके हैं। आज इंडोनेशिया के लगभग आधे भारतीय जकार्ता में रहते हैं। एक अनुमान के अनुसार जकार्ता में भारतीयों की जनसंख्या करीब 19000 है। जकार्ता में भारतीय पी.आई.ओ./एन.आर.आई. समुदाय की छह प्रमुख सामाजिक या व्यावसायिक संस्थाएँ शामिल हैं। सिंधी समुदाय 'गांधी सेवा लोक' नामक एक धर्मार्थ संस्था चलाता है, जो कि मुख्यतः शैक्षणिक व सामाजिक गतिविधियों से संबद्ध है।

केमोयरन स्थित गांधी मेमोरियल इंटरनेशनल स्कूल गांधी सेवा लोक द्वारा संचालित एक अंतरराष्ट्रीय विद्यालय है, जहाँ आई.बी. पाठ्यक्रम पढ़ाया जाता है।

भारत से दूर रहकर भी इंडोनेशिया के सिंधी व प्रवासी भारतीय समुदाय

का अपनी धार्मिक भावनाओं के प्रति अडिग विश्वास बना हुआ है। जकार्ता, मैदान एवं इंडोनेशिया के अन्य हिस्सों में मौजूद, मंदिर, गुरुद्वारे तथा अन्य प्रार्थना-स्थल सामाजिक मेल-जोल के केंद्र हैं। जकार्ता के प्लूत में स्थित शिव मंदिर भारतीय धार्मिक गतिविधियों का केंद्र है। प्लूत पेरुमल वार्षिक ब्रह्मोत्सवम आयोजन एवं साप्ताहिक प्रार्थनाओं के लिए प्रसिद्ध है। यहाँ श्रद्धालुओं को पूजा में सहयोग करने के लिए एक पूर्णकालिक पुजारी भी है। शिव मंदिर में साप्ताहिक सत्संग, महाशिवरात्रि एवं अन्य महत्त्वपूर्ण उत्सव भी मनाए जाते हैं। गत दो दशकों से वार्षिक अयप्पा पूजा भी हर्षोल्लास के साथ मनाई जाती है, जिस दौरान श्रद्धालु पूरे उत्साह और भक्तिभाव से पूजा करते हैं। देवी को समर्पित अन्य मंदिर तंगारेंग, केमोसेवरन, सिकरांग एवं सुमात्रा के मैदान में भी मिलते हैं। भगवान् हनुमान को समर्पित एक अन्य मंदिर जतिलुहुर (इंडोरामा फैक्टरी) में स्थित है। पाँच दशकों से भी अधिक समय से तानजुंग प्रायोक, पासर बारू में गुरुद्वारे स्थित हैं, जहाँ सभी धर्मों के लोग आते हैं।

इंडोनेशिया में जाने-माने भारतीयों में पंजाबी बंधु खासे प्रसिद्ध हैं; अन्य में सिनेकर्मी एवं मीडिया व्यवसायी राम पंजाबी, 1962 के एशियन गेम्स में एथलेटिक्स में तीन स्वर्ण पदक जीतने वाले इंडोनेशियाई एथलीट गुरनाम सिंह, इंडोनेशियाई राजनीति में प्रमुख स्थान रखने वाले एच.एस. ढिल्लों और अरबपति व्यवसायी प्रकाश लोहिया शामिल हैं।

इंडोनेशिया के तमिल

तमिलों का भी इंडोनेशिया में लंबा इतिहास है। 1024-25 ई. में राजेंद्र चोल प्रथम के शाही दौरे के बाद इंडोनेशिया सहित पूरे दक्षिण-पूर्वी एशिया में तमिलों की आर्थिक गतिविधियों में वृद्धि हुई थी। चोल आक्रमण के बाद उत्तरी मैदान में 'कोट सिना' नामक प्राचीन व्यापारिक शहर का उद्भव हुआ।

तमिलों की यहाँ मौजूदगी के विषय में सेंट्रल तवानुली रिजेंसी उत्तरी सुमात्रा स्थित प्राचीन बेरस शहर के तमिल व्यापार संघ लोबु तुआ शिलालेख में भी

वर्णन है। इसे 1088 ई. के आस-पास दर्ज किया गया था। यह शिलालेख भी तमिल में ही लिखा गया है। बेरस में स्थायी या अस्थायी तौर पर रह रहे तमिल लोग प्रमुख रूप से व्यापारी या कारीगर थे। इनमें से कुछ कारोलैंड एवं कोट सिना में स्थानांतरित हो गए और स्थानीय कारो लोगों से घुल-मिल गए। यहाँ की सेंबिरिंग जाति का तमिलों से संबंध माना जाता है। यहाँ कोलिया, बेरहमन, पंडिया, मेलियाला, देपारि, मुहम, पेलावी एवं तेकन आदि समुदाय दक्षिण भारतीय मूल के हैं। कुछ विद्वानों का मानना है कि कारो परंपरा के कुछ पक्षों पर तमिल संस्कृति का प्रभाव है। उदाहरण के लिए मृतकों का अंतिम संस्कार एवं उरुंग (ग्राम महासंघ, जिस पर मध्यकालीन तमिल समाज का प्रभाव देखा जाता है)।

चौदहवीं सदी का सुरुआसो शिलालेख तमिल उपस्थिति का एक अन्य साक्ष्य है। यह अभिलेख तनह दातार रीजेंसी (पश्चिम सुमात्रा) में प्राप्त हुआ था और यह दो भाषाओं, प्राचीन मलय एवं तमिल में लिखा गया है। तमिल लोग असेनीस लोगों के साथ घुल-मिल गए और उनमें से कई लोगों की शारीरिक संरचना तमिल लोगों से मिलती-जुलती थी। हालाँकि वे तमिल संस्कृति का अनुसरण नहीं करते और न ही तमिल भाषा बोल पाते हैं।

डच औपनिवेशिक काल के दौरान तमिल

1830 के दौरान इंडोनेशिया में बागान उद्योग को विकसित करने के लिए डच लोग तमिलों को भारत से यहाँ लेकर आए थे। दक्षिण भारत के गाँवों में पहुँचने वाले एजेंट अशिक्षित तमिलों को आसान काम और बेहतर वेतन का लालच देकर सुमात्रा द्वीप चलने का झाँसा देते थे।

इंडोनेशिया पहुँचने पर उनसे कठोर श्रम कराया जाता और रहने के लिए सामान्य झोंपड़ियाँ दी जाती थीं। उनमें से अधिकांश तमिल दुर्गम परिस्थितियों में डच कंपनी के लिए काम करते थे। आज उत्तरी सुमात्रा में तमिलों की संख्या करीब 50,000 है। ये लोग अधिकांशतः मेदान शहर में और कुछ लोग लुबुक पकम, तेबिंग तिंगी एवं बिंजाई में भी रहते हैं।

द्वितीय विश्वयुद्ध एवं स्वतंत्रता

द्वितीय विश्वयुद्ध के समय देश को डच (नीदरलैंड्स) शासन से स्वतंत्रता मिलने के पश्चात् अधिकांश तमिलों ने बागानों का काम छोड़ दिया। वे अकसर यातायात के लिए बैलगाड़ियाँ उपयोग करते थे। बाद में ये गाड़ियाँ उनकी आजीविका का भी साधन बनीं। कुछ लोगों ने जापानी सेना द्वारा छोड़े गए वाहन खरीदे और भवन निर्माण योजनाओं के लिए रेत एवं अन्य निर्माण सामग्री के परिवहन में उपयोग करने लगे। अन्य तमिलों में से कुछ ने मसालों के व्यापार में कुशलता हासिल की और कुछ सरकारी अधिकारी एवं ठेकेदार भी बने।

अन्य समूहों के साथ संबंध

तमिल इंडोनेशियाई लोगों का उत्तरी सुमात्रा में अन्य स्थानीय लोगों के साथ सौहार्दपूर्ण संबंध रहा है, क्योंकि इनकी सांस्कृतिक एवं आर्थिक पृष्ठभूमियों में अधिक अंतर नहीं था। जहाँ तक अंतर्जातीय विवाहों की बात है, पिछली दो पीढ़ियों से ही तमिल इंडोनेशियाई स्थानीय समूहों के साथ वैवाहिक बंधनों में बँधने लगे हैं।

हाल ही में जाने वाले तमिल/वर्तमान के तमिल प्रवासी

हाल के वर्षों में अनेक तमिलभाषी इंडोनेशिया में रहने लगे हैं। जकार्ता में स्थित एक सामाजिक संस्था 'इंडोनेशियन तमिल मनरम' तमिल भाषा एवं संस्कृति की धरोहर को सहेजने व बढ़ाने हेतु बहुत सक्रिय है। यह संस्था भारतीय व इंडोनेशियाई लोगों के बीच समन्वय व सौहार्द स्थापित करने, भाषाई सरोकारों के माध्यम से प्रवासियों के बच्चों तथा भारतीय मूल के लोगों को उनकी मातृभाषा (तमिल) को सीखने का अवसर प्रदान करती है। वे तमिल भाषा एवं संस्कृति से जुड़े रोचक कार्यक्रम आयोजित करते हैं, बच्चों को तमिल साहित्य एवं पुस्तकें वितरित करते हैं, स्थानीय प्रतिभाओं के लिए तमिल में वाद-विवाद प्रतियोगिताएँ, नाटक, नृत्य एवं संगीत के कार्यक्रम आयोजित

करते हैं तथा भारत से नृत्य, संगीत, नाटक और अन्य सांस्कृतिक क्षेत्रों से जुड़े प्रतिष्ठित कलाकारों को बुलाते हैं।

इंडोनेशिया में प्रतिष्ठित तमिल लोगों में हिंदू समाज सुधारक एवं तमिल नेता डी. कुमारस्वामी और इंडोनेशियाई उद्यमी मरिमुतु श्रीनिवासन शामिल हैं।

बाली बम धमाके एवं हिंदू धर्म को खतरा

पिछले 13 वर्षों में इंडोनेशिया ने मजबूत सामाजिक ढाँचे और स्वतंत्र मीडिया के बल पर एक स्थायी एवं लोकतांत्रिक राष्ट्र बनने की दिशा में उल्लेखनीय प्रगति की है। लेकिन बढ़ती धार्मिक कट्टरता भी सभी के लिए चिंता का विषय है।

सन् 1965 के असफल तख्तापलट के बाद कम्युनिस्ट विरोधी अभियान के दौरान कुछ महीनों के अंतराल में 100,000 बाली निवासी मारे गए थे। यह संख्या उस समय द्वीप की आबादी का लगभग 5 प्रतिशत थी और इंडोनेशिया में किसी भी एक स्थान की जनसंख्या से कहीं अधिक थी।

बाली बम धमाके तथा दक्षिणी लामपंग में हिंदुओं पर हमले

वर्ष 2002 और 2005 में बाली में शृंखलाबद्ध आत्मघाती हमलों एवं कार बम धमाकों में 240 से अधिक लोग मारे गए तथा 300 से अधिक घायल हुए थे। हिंदू बहुल होने के कारण हमलों के लिए बाली द्वीप को चुना गया था। 2011 में भड़की धार्मिक हिंसा में अल्पसंख्यक समुदायों को खतरा बढ़ गया था। इसलिए मानवाधिकार से जुड़े कई प्रश्न अभी तक अनुत्तरित हैं।

अक्तूबर-नवंबर 2012 में सुमात्रा द्वीप के दक्षिणी लामपंग में, जहाँ मुसलमान हिंदुओं को निशाना बना रहे हैं, 14 लोग मारे गए थे और 1000 से अधिक बेघर हो गए।

इन समस्त खतरों के बावजूद इंडोनेशियाई हिंदुओं द्वारा अपने धर्म और संस्कृति को बचाए रखने का साहस दुनिया भर में हिंदुओं के लिए गौरव की बात है।

इंडोनेशिया में हिंदू महारानियाँ

भारत के बाहर हिंदू साम्राज्यों पर श्रीगुरुजी के विचार
(विचार नवनीत, अध्याय एक)

"कोलंबस द्वारा अमेरिका का पता लगाने के बहुत पहले हमारा विस्तार एक ओर तो अमेरिका तक फैल चुका था और दूसरी ओर चीन, जापान, कंबोडिया, मलय, श्याम, इंडोनेशिया व दक्षिण-पूर्वी एशिया के सभी देशों तथा उत्तर में मंगोलिया और साइबेरिया तक फैला था। हमारा शक्तिशाली राजनीतिक साम्राज्य इन दक्षिण-पूर्वी क्षेत्रों में 1,400 वर्षों तक जारी रहा।

अकेले शैलेंद्र साम्राज्य 700 वर्षों से अधिक समय तक चीनी विस्तार के विरुद्ध एक शक्तिशाली दीवार के रूप में अत्यंत उत्कर्ष की अवस्था में रहा।

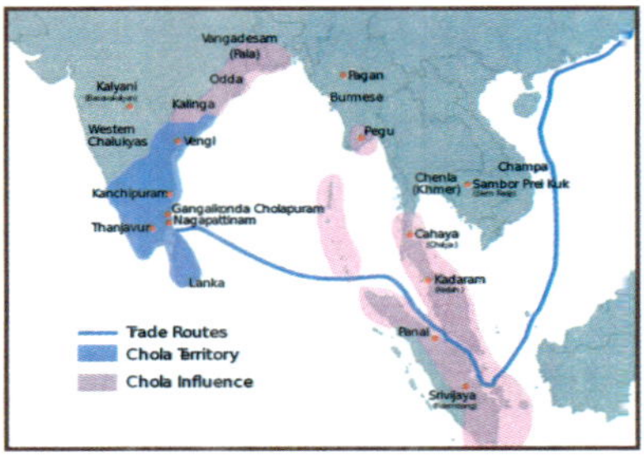

"इन सभी शताब्दियों में वहाँ के स्थानीय लोगों के द्वारा न तो कभी कोई जन-विद्रोह (विप्लव) हुआ और न ही उनका उन्मूलन। यदि विदेशी लोगों और विदेशी संस्कृति के द्वारा आधिपत्य अथवा शोषण के कुछ भी लक्षण होते तो उसका उपर्युक्त परिणाम अनिवार्य रूप से हुआ होता। इसके विपरीत, वे लोग हमारे प्रति कृतज्ञ थे। वे हमारे राष्ट्र के प्रति श्रद्धा रखते थे और अपने इस नश्वर शरीर को गंगाजी के किनारे छोड़ने की कामना करते थे। यह बात इतिहास के उन रक्तांकित पन्नों के विपरीत है, जिसमें इसलाम, ईसाइयत और अब कम्युनिज्म तथा दूसरे देशों में उत्पन्न अन्यान्य 'विश्व विजेताओं' के बारे में विस्तार से वर्णित है। आज के दिन भी इनमें से बहुतों की आधारभूत जीवन-रचना हिंदू ही है। वे हिंदू नाम धारण करते हैं। हम वहाँ चारों ओर हिंदू चेहरे देखते हैं, जिनमें से अनेक लोग संप्रदाय के रूप में मुसलमान होते हुए भी अपनी हिंदू विरासत पर गर्व करते हैं।

रानियों में महारानी देवी मणिमेखला (लगभग 100 ईस्वी)

दक्षिण भारत की महासाध्वी कन्नगी के संतान नहीं थी। इसलिए उसके पति कोवलन ने माधवी से शादी की और उनके एक सुंदर पुत्री मणिमेखला का जन्म हुआ। कोवलन पहली शताब्दी में चोल साम्राज्य के कावेरी के बंदरगाह शहर पुम पट्टिणम (जिसे पुम-पुहर भी कहा जाता है) से एक सफल समुद्री व्यापारी था। वह तथा कई अन्य व्यापारी तमिलनाडु से श्रीलंका,

इंडोनेशिया, सिंगापुर, मलेशिया तथा थाईलैंड के दूरदराज के द्वीपों में व्यापार के निमित्त जाते रहते थे। मणिमेखला ने अपने पिता और पुम-पुहर के व्यापारियों से इंडोनेशिया द्वीपवासियों की समृद्धि और गरीबी के बारे में सुना था। उसका दिल इंडोनेशिया के जावा द्वीप के गरीब और पीड़ित लोगों के प्रति द्रवित हो गया। जब मणिमेखला विवाहयोग्य हुई तो स्थानीय एक राजकुमार उसकी सुंदरता और उपलब्धियों से आकर्षित हुआ, वह उससे विवाह करना चाहता था। जावा, इंडोनेशिया के द्वीप में गंभीर सूखे की जानकारी मिलने पर मणिमेखला ने रानी के रूप में सुविधाओं का आनंद लेने के स्थान पर गरीबों और बीमारों की सेवा करने का मार्ग चुना। वह बौद्ध भिक्षुणी बन गई और पीड़ित लोगों की सेवा के लिए अक्षय पात्र लेकर दक्षिण-पूर्व एशियाई देशों में पहुँची। वह शायद दुनिया की पहली नर्स (Nurse) है और युवा नर्सों को प्रेरित करने के लिए प्रत्येक नर्सिंग संस्थान (Nursing College) में मणिमेखला की प्रतिमा होनी चाहिए। बुद्ध ने मानवजाति की सेवा करने के लिए राजपाट छोड़ दिया, इसलिए उन्हें राजाओं का महाराजा (King of Kings) कहा जाता है। मणिमेखला, जिसने शाही जीवन को त्याग दिया, उसे रानियों की महारानी (Queen of Queens) कहा जाना अतिशयोक्ति नहीं होगा। थाईलैंड, श्रीलंका और कंबोडिया में देवी मणिमेखला की सागर की देवी के रूप में पूजा की जाती है।

मणिमेखला के जीवन से कई पुरुषों और महिलाओं को सेवा एवं उच्च नैतिक मूल्योंवाला जीवन जीने की प्रेरणा मिलती आ रही है।

एक आश्चर्यजनक दुनिया !

हिंदू रानी शिमा ने अपने बेटे को मौत की सजा सुनाई।

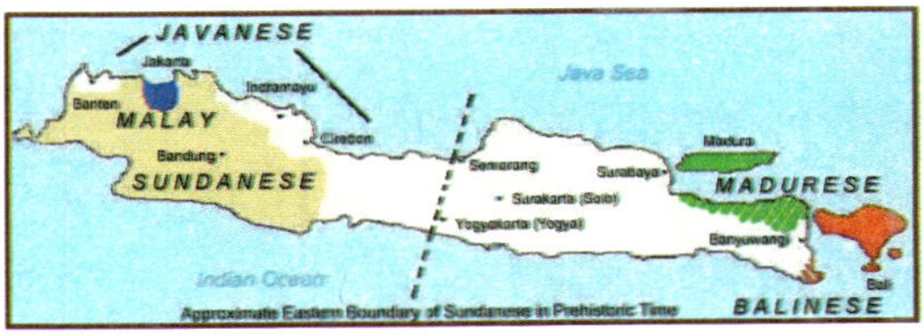

मध्य जावा, इंडोनेशिया में कलिंग साम्राज्य की रानी शिमा ने 7वीं शताब्दी ईस्वी में चोरी के खिलाफ एक कठोर कानून पारित किया।

लगभग 674 ईस्वी में शिमा मध्य जावा के उत्तरी तट पर स्थित हिंदू कलिंग साम्राज्य की शक्तिशाली रानी थीं। उन्होंने अपनी प्रजा को ईमानदारी और सच्चाई की ओर प्रोत्साहित करने के लिए चोरी के खिलाफ एक कठोर कानून पारित किया।

एक विदेशी राजा ने कलिंगवासियों की सच्चाई और ईमानदारी का परीक्षण करने के लिए सोने से भरा एक थैला चौराहे पर रखा। तीन वर्ष तक

उस थैले को किसी ने भी नहीं छुआ, लेकिन तीन साल बाद शिमा के बेटे व घोषित राजकुमार ने गलती से थैले को पैर से छू लिया। इस पर रानी ने अपने ही बेटे को मौत की सजा सुनाई। लेकिन एक मंत्री द्वारा यह दंड ठुकराया गया। मंत्री ने तर्क दिया कि वह राजकुमार का पैर था, जिसने सोने से भरे थैले को छुआ। इसलिए पैर को काटकर दंडित किया जाना चाहिए।

शिमा का पोता संजय, सुंद और गलुह साम्राज्यों का राजा तथा मध्य जावा में हिंदू मेदांग या मातरम साम्राज्य का संस्थापक भी था।

रानी शिमा की विरासत

जब 15वीं और 16वीं सदी में इसलाम के अनुयायियों द्वारा इंडोनेशिया पर हमला किया गया, तो इसलाम को स्वीकार न करनेवाले हिंदुओं ने बाली द्वीप में शरण ली और इस प्रकार बाली 100 प्रतिशत हिंदू आबादी वाला द्वीप बन गया। जावा के ये हिंदू शरणार्थी रानी शिमा की विरासत को अपने साथ लाए। अतः बाली के हिंदू चोरी और झूठ से अनभिज्ञ थे। 19वीं और 20वीं शताब्दी में लगभग 150 वर्षों तक बाली पर शासन करनेवाले यूरोप के डच (Dutch) लोगों ने अनुभव किया कि बाली में कोई चोरी या विवाद नहीं हुआ। पुलिस, वकील और जेल अधिकारियों के पास मुश्किल से ही कोई काम होता। हालाँकि समीपस्थ दुनिया का सबसे बड़ा मुसलिम आबादीवाला द्वीप जावा चोरी-डकैती के लिए कुख्यात है।

रानी शिमा की विरासत के अनुरूप भारतीय हिंदू इतिहास में भी कई उदाहरण हैं। दक्षिण के महान् राजाओं ने कानून और न्याय के उत्कृष्ट उदाहरण स्थापित किए। मनु निधि चोल (205 ईसा पूर्व) ने अपने बेटे को रथ के पहियों के नीचे कुचलवा दिया था, पोर्कई पांडियन (लगभग 350 ईस्वी) ने अपना स्वयं का हाथ काट दिया, राजा नेडुंचेजियन और उनकी पत्नी रानी कोपेरुन देवी (लगभग 100 ईस्वी) ने महासती कन्नगी को न्याय देने के लिए स्वयं को मार डाला। मध्य भारत में इंदौर की रानी अहिल्या देवी ने भ्रष्ट आचरण के लिए अपने बेटे को दंडित किया।

रानी प्रमोधवर्धनी द्वारा अद्भुत हिंदू बौद्ध एकता

नौवीं शताब्दी में जावा द्वीप के मेदांग साम्राज्य की बौद्ध रानी प्रमोधवर्धनी और उनके हिंदू पति राजा रकई पिकातन (Rakai Pikatan) द्वारा बोरोबुदुर, प्रांबनन व अन्य हिंदू बौद्ध मंदिरों का निर्माण कराया गया।

रानी प्रमोधवर्धनी (शासन काल 838–850)

प्रमोधवर्धनी 9वीं शताब्दी में मध्य जावा के मेदांग साम्राज्य के राजा रकई पिकातन (Rakai Pikatan) (शासन काल 838–850) की पत्नी थीं। वे शैलेंद्र राजा समरतुंगा (शासन काल 812–833) की पुत्री थीं। संजय राजवंश के राजकुमार रकई पिकातन (Rakai Pikatan) के साथ उनके विवाह को हिंदू संजय राजवंश तथा बौद्ध शैलेंद्र राजवंश के मध्य राजनीतिक सुलह के रूप में देखा जाता था।

रानी प्रमोधवर्धनी को बौद्ध मंदिर बोरोबुदुर के लोकार्पण और प्रांबनन में कई बौद्ध मंदिरों के निर्माण का श्रेय दिया गया और उनके पति रकई पिकातन

(Rakai Pikatan) ने शिव को समर्पित प्रांबनन मंदिर बनाया, जिसका निर्माण 856 ईस्वी में पूरा हुआ। बोरोबुदुर और प्रांबनन दोनों मंदिर यूनेस्को की विश्व धरोहर स्थलों की सूची में शामिल हैं, जो लाखों पर्यटकों को आकर्षित करते हैं।

जब रकई पिकातन (Rakai Pikatan) ने मेदांग शासन में हिंदू धर्म की वापसी के रूप में शिवगृह में हिंदू मंदिर का निर्माण करवाया तो उनकी बौद्ध पत्नी प्रमोधवर्धनी ने छोटे-छोटे मंदिरों से घिरे दो मुख्य मंदिरों वाले बौद्ध मंदिर परिसर तथा दक्षिण में कुछ सौ मीटर की दूरी पर अन्य मंदिरों का निर्माण शुरू करवाया।

प्लाओसं लोर (Plaosan Lor), समान वास्तुकला शैलीवाले दो मुख्य मंदिर, जिनके चारों ओर दीवार और सैकड़ों छोटे स्तूप एवं मंदिर स्थित हैं। दो एक समान दिखनेवाले मुख्य मंदिर विभिन्न मूर्तियों से सजाए गए हैं। दोनों के उत्तरी भाग में बाहरी दीवारों पर महिला पात्र अंकित हैं, जबकि दूसरे में पुरुष पात्र अंकित हैं। दोनों बोधिसत्त्व के संदेश से सज्जित हैं।

यह पुरुष-महिला का भेद वास्तव में हिंदू रकई पिकातन (Rakai

Pikatan) और बौद्ध प्रमोधवर्धनी के संबंध का प्रतीक था। दूसरे शब्दों में मंदिरों को धार्मिक अनुष्ठानों के लिए उपयोग किया गया, साथ ही राजा और रानी के मध्य प्रेम की अभिव्यक्ति, प्रेम का संदेश देनेवाले जावाई स्मारक के रूप में बनाया गया था। पूरे विश्व से हिंदू युगल ताजमहल के स्थान पर प्यार के प्रतीक इस मंदिर को देखने जा सकते हैं। मंदिर की वास्तुकला से हिंदू और बौद्ध धर्म के सम्न्वय का दर्शन होता है, जो इसके निर्माण के समकालीन राजनीतिक स्थिति का चित्रण है। प्रमोधवर्धनी व रकई पिकातन के शासन के समय हिंदू और बौद्ध दोनों धर्म खूब फले-फूले।

कई शिलालेखों में प्रमोधवर्धनी के नाम का उल्लेख है। एक किंवदंती की व्याख्या के अनुसार, प्रांबनन मंदिर में प्रमोधवर्धनी को दुर्गा की प्रतिच्छाया के रूप में दरशाया गया था।

जावाई देवराज परंपरा में राजा या रानी को किसी-न-किसी भगवान् या देवी का अवतार माना जाता है और माना जाता है कि मृत्यु के बाद उनकी आत्मा उसी देवता में विलीन हो जाती है। उनके प्रति श्रद्धा जताने के लिए मंदिर का निर्माण कर दिवंगत आत्मा को समर्पित किया जाता है।

दसवीं शताब्दी में हिंदू राजकुमारी श्री इश्याना के नाम पर राजवंश का नामकरण

श्री इश्याना तुंग्गविजया पूर्वी जावा में मेदांग साम्राज्य की रानी थी, जिसने 947 ईस्वी के बाद से शासन किया। उन्होंने अपने पति बाली द्वीप के महान् व्यक्ति श्री लोकपाल के साथ संयुक्त रूप से शासन किया। दसवीं शताब्दी ईस्वी में जावा पर शासन करनेवाले जावाई राजा म्पू सिंडोक (Mpu Sindok) ने इश्याना राजवंश की स्थापना की, उन्होंने राजकुमारी के नाम पर राजवंश का नाम रखा था। म्पू सिंडोक मेदांग साम्राज्य की राजधानी को मध्य जावा से पूर्वी जावा में ले गए। बाली द्वीप पर हिंदू धर्म पूर्वी जावा से महर्षि मार्कंडेय लाए।

बाली में माँ दुर्गा की पूजा 10वीं शताब्दी में रानी महेंद्र दत्ता ने शुरू

की। उनकी मृत्यु के बाद बाली के मंदिर में दुर्गा के रूप में उनकी पूजा की गई।

महेंद्रदत्ता (961-1011 ईस्वी), जिसे गुणप्रिय धर्मपत्नी भी कहा जाता है, उदयन वर्मदेव की रानी व बाली की महारानी थीं। विवाह से पूर्व वह पूर्वी जावा की राजकुमारी और मेदांग के राजा धर्मवंश की बहन थी। वह जावाई नायक राजा एयरलंग्ग की माँ थी। महेंद्रदत्ता दुर्गा के प्रति भक्ति के लिए जानी जाती है। माना जाता था कि वही जावा से बाली में माँ दुर्गा की पूजा को लाई और उसको लोकप्रिय किया। 1011 ईस्वी में उनकी मृत्यु के बाद उन्हें बाली के मंदिरों में से एक में दुर्गा महिषासुरमर्दिनी (राक्षस के हत्यारे के रूप में दुर्गा) के रूप में चित्रित किया गया।

चौदहवीं शताब्दी में रानी त्रिभुवन द्वारा इंडोनेशिया का एकीकरण

रानी त्रिभुवन विजयतुंग देवी ने इंडोनेशिया को एकजुट करने के लिए लड़ाइयाँ लड़ीं। बाद में उन्हें माता पार्वती के रूप में चित्रित किया गया।

त्रिभुवन विजयतुंग देवी जावा प्रांत की रानी थीं और तीसरी मजपहित सम्राज्ञी, जिसने 1328 से 1350 तक शासन किया। वे असाधारण वीरता,

ज्ञान और बुद्धि की स्वामिनी थीं। वे मजपहित के पहले राजा राडेन विजया और उनकी पत्नी दया गायत्री राजपत्नी की पुत्री थीं। 1331 में उन्होंने अपने चचेरे भाई आदित्यवर्मन की मदद से सेदंग और केटा के क्षेत्रों में विद्रोह को कुचलने के लिए सेना का स्वयं नेतृत्व किया। 1334 में उन्होंने गजमाडा को अपना नया महापति (प्रधानमंत्री के समकक्ष पद) नियुक्त किया। इसके बाद गजमाडा ने अपनी प्रसिद्ध पलापा शपथ की घोषणा की और द्वीपसमूह में साम्राज्य के प्रभाव का विस्तार करने की अपनी इच्छा प्रकट की।

गजमाडा—"अगर नुसंतारा (इंडोनेशिया का पुराना नाम) को जीतने में सफल हुआ तो मैं अपना उपवास तोड़ूँगा। अगर गुरुन, सेरम, तंजंग पुरा, हारू, पहंग, डोंपो, बाली, सुंदा, पालेंबंग, तुमासिक, सभी जीत लिया तो मैं अपना उपवास तोड़ूँगा।"

इतिहासकारों ने व्याख्या की कि हो सकता है गजमाडा ने केवल सफेद उबले चावल, सादी सब्जियाँ, स्वच्छ पानी तथा मसालों या नारियल के बिना भोजन ग्रहण कर पलापा शपथ का निर्वहन किया। कुछ का मानना

है कि गजमाडा कामुक सुखों व मसालेदार स्वादयुक्त भोजन का त्याग कर किसी पवित्र अनुष्ठान को कर रहे थे। संभवतः यह शपथ मजपहित साम्राज्य के विस्तार के अपने लक्ष्य के प्रति उनकी गंभीरता और दृढ़ इच्छाशक्ति को दरशाती है। परारतन (बुक ऑफ किंग्स, मजपहित राजाओं का इतिहास पुस्तक) के अनुसार, उनकी असाधारण प्रतिज्ञा ने पदग्रहण कार्यक्रम में भाग लेनेवाले राज्य के अधिकारियों को आश्चर्यचकित किया। जकार्ता के मोनास में गजमाडा को अपनी पलापा शपथ लेते हुए दरशाया गया है। आधुनिक इंडोनेशिया में गजमाडा एक महत्त्वपूर्ण राष्ट्रीय नायक, देशभक्ति और राष्ट्रीय एकता का प्रतीक है।

पलापा शपथ का उपयोग इंडोनेशियाई दूरसंचार उपग्रह पलापा के नाम के रूप में किया जाता है। बोइंग द्वारा निर्मित उपग्रह को 1976 में प्रक्षेपित किया गया था। पलापा नाम का चयन राष्ट्रपति सुहार्तो ने इंडोनेशियाई द्वीपसमूह को दूरसंचार प्रौद्योगिकी के माध्यम से एकजुट करने के एक प्रयास के रूप में किया था।

प्रधानमंत्री के रूप में गजमाडा की सहायता से रानी त्रिभुवन ने साम्राज्य का विस्तार किया। सन् 1343 में मजपहित ने पेजेंग, दलेम बेडहुलु और पूरे बाली द्वीप पर विजय प्राप्त की। आदित्यवर्मन को 1347 में श्रीविजया और मेलयु साम्राज्य पर विजय प्राप्त करने के लिए भेजा गया। उन्हें फिर सुमात्रा के उपराजा के रूप में पदोन्नत किया गया। मजपहित साम्राज्य के विस्तार का क्रम रानी त्रिभुवन के पुत्र राजा हयम वुरुक के शासनकाल में भी जारी रहा, जो पश्चिम में लमूरी (वर्तमान में एसे) तथा पूर्व में वानिन (ओनिन प्रायद्वीप, पापुआ) तक पहुँचे। उनके शासनकाल के कारण हिंदू महाकाव्य, रामायण और महाभारत वांयंग कुलित (चमड़े की कठपुतलियों) के माध्यम से जावाई संस्कृति में रच-बस गए।

जब रानी माँ त्रिभुवन की मृत्यु हुई तो उनका अंतिम संस्कार हिंदू संस्कार पद्धति के अनुसार भव्य रूप से किया गया। पूर्वी जावा में रिंबी मंदिर में उन्हें पार्वती के रूप में चित्रित किया गया।

भारत में रानी त्रिभुवन की विरासत

भारत में भी इस तरह के एकीकरण के कार्य विभिन्न शासकों द्वारा विभिन्न कालखंडों में सफलतापूर्वक किए गए थे। चौथी शताब्दी ईसा पूर्व में चाणक्य और सम्राट् चंद्रगुप्त मौर्य, 17वीं और 18वीं शताब्दी में महाराजा शिवाजी, उनके गुरु स्वामी समर्थ रामदास और पेशवा तथा 20वीं शताब्दी में भारत की आजादी के तुरंत बाद सरदार पटेल, गवर्नर जनरल राजगोपालाचारी और प्रशासनिक अधिकारी वी.पी. मेनन भारत के अधिकांश हिस्सों को एक राजनीतिक शासन के अंतर्गत एकीकृत किया।

(भारतीय प्रशासनिक सेवा के अधिकारी वी.पी. मेनन ने सरदार पटेल के साथ मिलकर काम किया और भारत गणराज्य में 565 से अधिक रियासतों के राजनीतिक एकीकरण में महत्त्वपूर्ण भूमिका निभाई)।

इंडोनेशिया की अन्य महान् हिंदू महिलाएँ

मंगकु मुरीअति (Mangku Muriati) (1967 में जन्म) बाली की पारंपरिक शैली की चित्रकार और लुआंगकुआंग (Klungkung) (बाली, इंडोनेशिया) के समीप स्थित कमसन गाँव की पुजारी हैं।

मंगकु मुरीअति पारंपरिक बाली शैली में चित्र बनाती हैं, जिसे कमसन शैली कहा जाता है, जिसके पात्र और अधिकांश कहानियाँ वायंग कुलित थियेटर में मंचित रामायण और महाभारत से ली गई हैं। चित्रकारी की इस शैली की परंपरा काफी पुरानी है व पूर्वी जावा के मजपहित हिंदू साम्राज्य से संबंधित है,

जो 14वीं और 15वीं शताब्दी में फली-फूली तथा क्षेत्र में हिंदू धर्म के विस्तार में सहयोग किया—जिसे बड़े स्तर पर अब बाली ने बरकरार रखा है। धार्मिक कार्यक्रमों व समारोह में उपयोग के लिए और महलों व मंदिरों को सजाने के लिए कपड़े पर पारंपरिक शैली में चित्रों के निर्माण के लिए कमसन गाँव से ही कलाकारों को भर्ती किया जाता था।

मंगकु मुरीअति अपने समय में पारंपरिक कमसन शैली के प्रमुख कलाकार मंगकु मुड़ा (Mangku Mura) (1920-1999) की पुत्री हैं। मुरीअति ने कम आयु में ही चित्रों में रंग भरकर अपने पिता का सहयोग करना और कला की बारीकियाँ सीखना शुरू कर दिया था। उसने देनपसार, बाली के उद्याना विश्वविद्यालय में चित्रकला में अध्ययन किया, लेकिन स्नातक करने के बाद चित्रकला की पारंपरिक शैली की ओर लौट आई। कमसन शैली की कलाकार के रूप में कार्य करते हुए वे पुरुषों के वर्चस्व वाले इस क्षेत्र में कार्यरत बाली की कुछ गिनी-चुनी महिलाओं में शामिल हो गईं।

सन् 1990 के दशक में 32 वर्ष की आयु में मुरीअति बंजार सिक्कू के वार्ड में स्थानीय मंदिर में एक पुजारी बन गईं। चित्रकला और कठपुतली कलाकार की निपुणता के लिए कहानियों तथा पात्रों के संबंध में व्यापक ज्ञान की आवश्यकता होती है, ये साधना/पूजा के समान है। ये कहानियाँ/पात्र पवित्र ग्रंथों रामायण व महाभारत से प्रेरित हैं। समकालीन बाली में मुरीअति के चित्रों और संबंधित टिप्पणियों के विषय अकसर सामाजिक और राजनीतिक मुद्दे होते हैं। मुरीअति के चित्र बाली और अंतरराष्ट्रीय स्तर भी पर प्रदर्शित किए गए हैं।

मुख्य न्यायाधीश इफा सुदेवी 2002 में हिंदू धर्म में परिवर्तित हो गईं

इफा सुदेवी इंडोनेशिया के पूर्वकर्ता रीजेंसी (Regency) की मुख्य न्यायाधीश हैं। उनको सन् 2002 के बाली बम धमाकों के मामले में नियुक्त होनेवाली पहली महिला न्यायाधीश के रूप में जाना जाता है। सोलो जावा में शिक्षित, इफा 1990 में न्यायाधीश बनीं। उनका पालन-पोषण मुसलिम मान्यताओं के अनुरूप हुआ, लेकिन बाद में उन्होंने हिंदू धर्म अपना लिया।

REFERENCES

विचार नवनीत, अध्याय एक

https://en.wikipedia.org/wiki/Manimekhala

https://en.wikipedia.org/wiki/Manimekalai

https://en.wikipedia.org/wiki/Silappatikaram

https://en.wikipedia.org/wiki/Shima_(queen)

https://simp le.wikipedia.org/wiki/History_of_Indonesia

https://en.wikipedia.org/wiki/Ellalan

https://www.flickr.com/photos/jeevansworld/4868699410

https://www.quora.com/What-are-some-interesting-stories-in-Indian-History

https://en.wikipedia.org/wiki/Ahilyabai_Holkar

https://en.wikipedia.org/wiki/Pramodhawardhani

https://en.wikipedia.org/wiki/Prambanan

https://en.wikipedia.org/wiki/Borobudur

https://en.wikipedia.org/wiki/Isyana_Tunggawijaya

https://en.wikipedia.org/wiki/Mahendradatta

https://en.wikipedia.org/wiki/Tribhuwana_Wijayatunggadewi

https://en.wikipedia.org/wiki/Gajah_Mada

https://en.wikipedia.org/wiki/Palapa_oath

https://en.wikipedia.org/wiki/V._P._Menon

https://en.wikipedia.org/wiki/Mangku_Muriati

https://en.wikipedia.org/wiki/Ifa_Sudewi

परिशिष्ट–I
बहासा इंडोनेशिया में तमिल एवं संस्कृत के शब्दों की सूची

(क) संस्कृत से

यद्यपि हिंदू धर्म और बौद्ध धर्म, दोनों इंडोनेशिया के अग्रणी धर्म नहीं रहे, परंतु इन धर्मों की मूल भाषा संस्कृत को अत्यंत आदर के साथ देखा जाता है और उसे लैटिन, अंग्रेजी एवं अन्य पश्चिमी यूरोपीय भाषाओं जैसा आदर दिया जाता है। संस्कृत नवनिर्मित प्रयोगों neologisms का भी मुख्य स्रोत है। इन्हें आमतौर पर संस्कृत की धातु से निर्मित किया जाता है। उदाहरण के लिए, इंडोनेशिया के पपुआ प्रांत के जयपुर शहर (पूर्व में होलंदिया) एवं जयविजय पर्वतमाला (पूर्व में ऑरिंज रेंज) का नामकरण 1960 के दशक में किया गया था। दोनों का नाम उनके डच औपनिवेशिक नामों से बदलकर संस्कृत के अनुसार रखा गया। इंडोनेशिया के कुछ समकालीन पुरस्कारों एवं सम्मानों के नाम भी संस्कृत आधारित हैं, यथा बिंतंग महापुत्र मेडल, कल्पतरु सम्मान एवं आदिपुरा सम्मान।

संस्कृत से लिये गए शब्दों में धर्म, कला और दैनंदिन जीवन के अनेक पक्ष निहित हैं। संस्कृत का प्रभाव ईसा से भी कई सदियों पहले भारत से संबंधों के आधार पर प्रबल हुआ है। ये शब्द या तो सीधे भारत से लिए गए अथवा प्राचीन जावाई भाषा ने उनके लिए मध्यस्थ की भूमिका निभाई। जावा की प्राचीन जावाई भाषा में तो संस्कृत के शब्दों की और भी बहुतायत है। प्रो. पी.जे. जोतमल्डर, एस.जे. (1982) के प्राचीन जावाई–अंग्रेजी शब्दकोश में 25,500 प्रविष्टियाँ हैं। इनमें से लगभग आधे संस्कृत से लिये गए शब्द हैं। अन्य भाषाओं की अपेक्षा संस्कृत से लिये गए शब्द इंडोनेशियाई शब्दावली में इतने रच–बस गए हैं कि अधिकांश लोगों को वे विदेशी नहीं लगते।

तमिल से लिये गए इंडोनेशियाई शब्द **(अर्थ)**

अपम (एक प्रकार का केक), केडाई (फूड स्टॉल), केपल (नौका), कोइल (मंदिर), मंग (आम)।

संस्कृत के कुछ शब्द जो भाषा (Bahasa) इंडोनेशिया में प्रयुक्त होते हैं

अधिकार (Supremacy), अधि कार्य (Master piece), अधिपति (noble), अधि राज (emperor), अधिरत्न (great Jewel), आगम (religion), अहिंसा (non injuring), अक्षर (letter), अल्प (negligent), अमृत (immortal), अनेक (multifarious), अनेक वर्ण (multi colored), अङ्क (numerical figure), अन्याय (abuse), अन्तरिक्ष (outer space), अनुग्रह (grace), आर्य (title for high official in Java), आशा (hope), आसन (chair or throne), आश्रम (dormitory), अष्ट (eight), आत्मन् (soul, life), भाग्य (blissful), भाषा (language), भय (danger), बाहु (shoulder), भक्ति (devotion), वंश (race), वरुण (sea God), वायु (wind), बाल्य (youth), भाण्डार (treasurer), वार्ता (news), व्यय (expense), विचार (speak), बीजं (seed), भिक्षु (bhikkhu), विनाश (destroyed), विष (poison), भोग (food), भुवन (world), बुद्धिमान (wise), भूमि (earth), छाया (light), चक्र (disk), चन्द्र (moon), शङ्ख (shell), चतुर (chess), चरित (story), जीर्ण (digest), चिन्ता (love), चित्र (image), दान (donation), धर्म (good deeds), दण्ड (punishment), देव (god), देवी (goddess), दिनं (day), दीन (poor), दीर्घ आयु (long live), दोष (sin), दुःख (sadness), धूप (incense), दूत (envoy), दुर्जन (wicked), दुष्ट (lie), द्वि (two), एक (one), गज (elephant), गरुड़ (garuda), गृह (office, house, building), गीत (song), गुरु (teacher), जगत् (universe), जाल (net), जय (glorious), जीव (life, soul), काच (glass), काल (time), कलह (defeat), करुण (blessing), काञ्चन (gold / golden), कुण्डी (water pitcher), कपाल (head), कोश कथा (vocabulary), कुंभ (pot), कुंकुम (saffron), कुष्ठ (leprosy), कुसुम (flower), लवंग (cinnamon), लीला (elegant), लोभ (greedy), लोक (world / place), मधु (honey), महा (great/ super), महादेव (supreme God), महादेवी (supreme goddess), महागुरु (professor), महाराज (emperor), महाराणी (queen), मुकुट (crown), मल (dirt), महा पातक (calamity), माया (illusion), मुख (face), नाग (dragon), नगर (country), नगरी (city), नरक (hell), पादुक (foot wear), पादुका (honorary title for official, nobility, or king), पृथ्वी (mother earth), उपवास (fasting), पूजा (worship), पुर (place), पुष्प (flower), राजा (king), राणी (queen), रस (emotion, feeling, taste), रूप (look, appearance), सम (same), शरीरं (body), शील (moral), सुख (happy), सुशील (modesty), तप (self-discipline), उपचार (ceremony), आयुष (age), वचन (verbal communication), वन (forest), वंश (dynasty, royal house), वीर (hero, brave), योग (yoga);

भरत (west-since Bharat or India is to the west of Indonesia)।

परिशिष्ट-II

हेमबर्ग, जर्मनी में बाली मंदिर
कुनिंगन उत्सव एवं हेमबर्ग में नया बाली मंदिर

(सिद्धार्थ विजयन, मंगलवार, 2 सितंबर, 2008)

30 अगस्त, 2008 को बाली निवासियों द्वारा कुनिंगन अवकाश आयोजित किया था। इस दिन पैतृक दिवंगत आत्माओं को श्रद्धापूर्वक नमन किया जाता है, क्योंकि वे पृथ्वी पर लंबे समय पर रहने के बाद स्वर्गारोहण करती हैं। इस दिन कुनिंगन अवकाश बाली में ही नहीं बल्कि जर्मनी के हेमबर्ग शहर में भी मनाया गया था।

इस अवसर पर जर्मनी में रहने वाले 50 बाली परिवार कुनिंगन अवकाश (उत्सव) के लिए हेमबर्ग शहर में एकत्र हुए थे। इनमें से कुछ तो 800 कि.मी. की यात्रा करके भी अन्य न्याम बाली (बाली निवासी भाइयों एवं बहनों) के साथ यह उत्सव मनाने के इच्छुक थे। इस आयोजन के लिए उन्होंने कंधे से कंधा मिलाकर काम किया। हेमबर्ग में कुनिंगन का पूजन कार्य महंत इदा पंडिता नबे श्री भगवान् द्विज वर्सा नव संधि ने पूर्ण करवाया, जो आयोजन से कुछ ही दिन पहले हेमबर्ग पहुँचे थे। हेमबर्ग में पहला बाली हिंदू मंदिर भी शीघ्र ही बनने जा रहा है।

बाली हिंदू धर्म

जकार्ता में कृष्ण-अर्जुन की रथ प्रतिमा

मध्य जकार्ता में कृष्ण–अर्जुन की रथ प्रतिमा एवं फव्वारा।

इसकी पृष्ठभूमि में बैंक इंडोनेशिया की भव्य इमारतें हैं। इस प्रतिमा में महाभारत का एक दृश्य दिखाया गया है; कृष्ण सारथि हैं एवं अर्जुन ने धनुष-बाण सँभाला हुआ है। यह रथ ग्यारह दिव्य अश्वों द्वारा खींचा जा रहा है।

परिशिष्ट-III
1500 ईसा पूर्व से 1300 ईसा पूर्व तक अरब देशों में भारतीयकृत मितानी साम्राज्य

1500 ईसा पूर्व से 1300 ईसा पूर्व तक अरब देशों में सीरिया और तुर्की (एनाटोलिया) के हिस्सों पर शासन करने वाले मितानी साम्राज्य के शासक भारतीय मूल के थे। उन्होंने कई बार मिस्र के Pharaohs और अन्य पड़ोसी देशों को चुनौती दी।

मितानी की सैन्य श्रेष्ठता शायद दोपहिया युद्ध-रथों के उपयोग पर आधारित थी। युद्ध के घोड़ों के प्रशिक्षण पर 'किकुली द मितेनियन' द्वारा लिखा लेख हत्तुसा के अभिलेखागार में पाया गया है। यह माना जाता है कि मेसोपोटामिया में रथ मितानी द्वारा शुरू किए गए थे। किकुली (1400 ईसा पूर्व) द्वारा लिखित लेख में रथ के घोड़ों के प्रशिक्षण पर भारतीय व्याख्या शामिल है। इसमें तकनीकी शब्दों, जैसे—एइका (एका, एक), तेरा (त्रि, तीन), पन्ज़ा (पंच, पाँच), सत्ता (सप्त, सात), ना (नव, नौ), वर्तन (वर्तन, मुड़ना)। एक अन्य लेख में बभ्रू (बबरु, भूरा), परिता (पलिता, ग्रे) और पिंकारा (पिंगला, लाल) शब्द हैं। उनका मुख्य त्योहार solstice (विशुवा, सूर्य की स्थिति के अनुसार सबसे बड़े दिन या सबसे छोटे दिन पर मनाया जाने वाला त्योहार) था। मितानी योद्धाओं को मार्य कहा जाता था, संस्कृत में योद्धा का शब्द भी था। हित्तियों और मितानी (1380 ईसा पूर्व) के बीच एक संधि में मित्रा, वरुण, इंद्र और अश्विन देवताओं को शामिल किया गया था।

मितानी शासकों के कुछ नाम—

1. अर्थ मारा : जो अर्थ के बारे में सोचता है
2. प्रीत अश्व : जिसको घोड़ा प्रिय है
3. प्रिय मेधा : जिसको ज्ञान प्रिय है
4. चित्र रथ : जिसका रथ चमक रहा है
5. इंद्रा रुध : इंद्र की मदद
6. सुबंधु : अच्छे नातेदार

मितानी शासक Tushratta द्वारा Pharaoh Amenhotep III को Hurrian भात्रा में लिखा गया एक लंबा पत्र खोजा गया है। सन् 1983 में हत्तुसा में Hurrian भाषा में बहु–टैबलेट संगृहीत साहित्य हित्ति में अनूदित पाया गया था।

भाग–II

दक्षिण–पूर्व एशिया में हिंदू धर्म

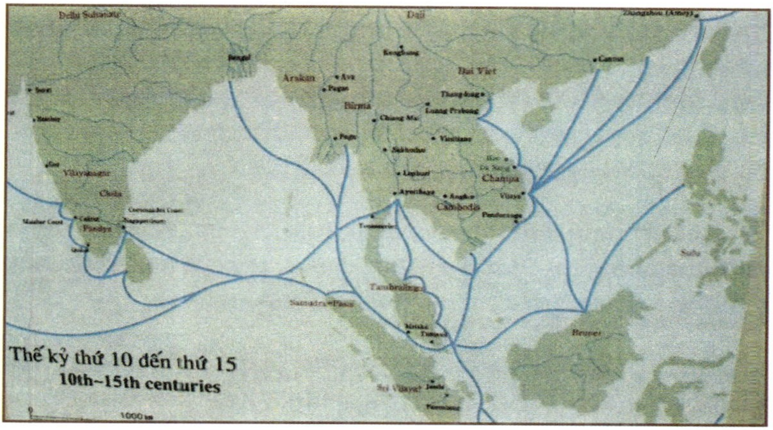

कंबोडिया, इंडोनेशिया, मलेशिया, थाईलैंड, वियतनाम, लव (लाओस), फिलिपींस, सिंगापुर, म्याँमार में महान् हिंदू राज्य

दक्षिण-पूर्व एशिया में हिंदू धर्म

हिंद महासागर में बढ़ते व्यापार के कारण दक्षिण-पूर्वी एशिया का भारतीयकरण हुआ। वैदिक एवं हिंदू धर्म, राजनीतिक विचार, साहित्य, पुराण एवं कलात्मक भावाभिव्यक्तियाँ स्थानीय दक्षिण-पूर्वी एशियाई संस्कृतियों का अभिन्न अंग बन सकीं। जातिवादी व्यवस्था को कभी नहीं अपनाया गया, किंतु भारतीयकरण के कारण बेहद संगठित एवं केंद्रीकृत राज्य अस्तित्व में आए।

दक्षिण-पूर्वी एशिया में हिंदू धर्म ने वियतनाम, कंबोडिया, लव (लाओस), थाईलैंड, सिंगापुर, मलय प्रायद्वीप, इंडोनेशिया, फिलिपींस द्वीपसमूह एवं म्याँमार (बर्मा) में कई साम्राज्य एवं सभ्यताओं को जन्म दिया। भारतीय सभ्यता ने इन देशों एवं लोगों की भाषा, लिपि, पंचांग एवं कलात्मक पक्षों को प्रभावित किया। ईसापूर्व तीसरी सदी में हिंदू धर्म दक्षिणपूर्व एशिया पहुँचा और 1800 वर्षों तक सक्रिय भूमिका निभाई। इन साम्राज्यों ने विश्व के सबसे भव्य मंदिरों एवं इमारतों, सिंचाई नहरों, शहरों और मार्गों का निर्माण कराया।

दुर्भाग्यवश भारत में अधिकांश लोग इतिहास के इन स्वर्णिम अध्यायों से अनभिज्ञ हैं। ईसा पूर्व 200 वर्ष से पूर्वी भारत के व्यापारियों, विशेषकर कलिंग तथा दक्षिण भारत के राज्यों से व्यापारी यहाँ आते रहे। आधुनिक काल में भारत, मलेशिया, सिंगापुर एवं थाईलैंड जैसे देशों से प्रतिष्ठित हिंदू इन स्थानों पर पहुँचे और यहाँ का विस्तृत अध्ययन किया। आज इन देशों में वैविध्यपूर्ण हिंदू समुदाय निवास करता है।

http://en.wikipedia.org/wiki/Hinduism_in_Southeast_Asia

http://en.wikipedia.org/wiki/Early_history_of_Combodia

कंबोडिया (फुनान/कंपूचिया/कंबोज) का हिंदू इतिहास

पौराणिक कथा के अनुसार कौंडिन्य नामक एक भारतीय ब्राह्मण एवं एक नागा राजकुमारी के विवाह के साथ कंबोडिया की स्थापना हुई। नागा राजकुमारी के पिता कंबुज नामक निचले स्थान पर शासन करते थे। नागा सरीसृप जीवों की प्रजाति है, जिनका उल्लेख एशियाई पौराणिक कथाओं में पाया जाता है।

कौंडिन्य की समांतर कथाएँ आधुनिक खमेर की लोककथाओं में भी मिलती हैं, जहाँ विदेशी राजकुमार (कौंडिन्य) को 'प्रेया थाओंग' कहा जाता है और रानी को 'नेआंग नेक' के रूप में जाना जाता है। इस कहानी के अनुसार प्रेया थाओंग समुद्र मार्ग से कंबोडिया के निकट एक द्वीप पर पहुँचा, जहाँ एक विशाल थ्लोक वृक्ष उगा हुआ है। उन्हें द्वीप पर नागाओं के निवास का पता चलता है और नेआंग नेक से उसकी भेंट होती है, जो नागा राजा की सुपुत्री है। वह (प्रेया थाओंग) नागा राजकुमारी से उसके पिता की आज्ञा से विवाह करता है और फिर मानव दुनिया में वापस लौट आता है। नागा राजा द्वीप के आस-पास के समुद्र के पानी को पी जाते हैं और उसे 'कंपूचिया थिपदे' का नाम देते हैं।

यह नाम संस्कृत (कंबुजाधिपति) से प्रेरित है और संभवतः इसे ही अंग्रेजी में 'द लॉर्ड ऑफ कंबोडिया' अनूदित किया गया है। एक अन्य कथा के अनुसार प्रेया थाओंग का नेआंग नेक से युद्ध होता है।

फुनान को आमतौर पर दक्षिण-पूर्वी एशिया का पहला राज्य माना जाता है। इस राज्य की नींव पहली सदी में पड़ी थी और यह मेकोंग (माँ गंगा) नदी के डेल्टा क्षेत्र में स्थित है, जो आज का दक्षिण-पूर्व कंबोडिया है तथा वियतनाम के बिल्कुल दक्षिण में स्थित है। इसकी राजधानी व्याधपुर संभवतः आज के पे वेंग प्रांत के बा फ्नोम शहर के समीप स्थित थी। फुनान का सबसे पुराना ऐतिहासिक संदर्भ तीसरी सदी में देश का दौरा करने वाले एक चीनी मिशन के वृत्तांत में आता है। फुनान शब्द संभवतः पुरानी खमेर भाषा के शब्द

'फ्नोम' से आया है, जिसका अर्थ है पर्वत। समुद्रमार्गी व्यापार ने फुनान के विकास में बड़ी भूमिका निभाई और आज 'ओकिओ' (अब वियतनाम का हिस्सा), जो संभवत: कभी इस राज्य का प्रमुख बंदरगाह रहा, के अवशेषों में भारतीय शिल्पकृतियाँ दिखाई देती हैं।

पाँचवीं सदी तक इस राज्य ने निम्न मेकोंग नदी क्षेत्र, तोनले सेप के आस-पास के क्षेत्र, उत्तरी कंबोडिया, दक्षिणी लव (लाओस), दक्षिणी थाईलैंड और मलय प्रायद्वीप के उत्तरी हिस्से पर नियंत्रण के प्रयास शुरू कर दिए थे। उपमहाद्वीप से व्यापारियों, राजनयिकों और शिक्षित ब्राह्मणों के आवागमन के माध्यम से संबंध प्रगाढ़ होने के साथ-साथ भारतीयकरण को बढ़ावा मिला। पाँचवीं सदी के अंत तक कुलीन वर्ग का पूरी तरह भारतीयकरण हो चुका था। शाही दरबार और राजनीतिक संस्थानों का ढाँचा भारतीय पद्धति पर आधारित था। संस्कृत भाषा व्यापक चलन में थी; मनु के नियम, भारतीय कानून संहिता अपनाई गई और भारतीय लेखन विधि पर आधारित वर्णमाला को प्रारंभ किया गया।

चेनला शासन के संस्थापक स्रुतवर्मन ने फुनान के आधिपत्य के मुक्त होने में सफलता प्राप्त की थी। उनके बाद के एक शासक भाववर्मन ने फुनान पर हमला कर उसे चेनला में मिलाया। उन्होंने मध्य एवं ऊपरी लव (लाओस),

मेकोंग डेल्टा के कुछ भागों के अतिरिक्त आधुनिक काल के पश्चिमी कंबोडिया एवं दक्षिणी थाईलैंड को सीधे अपने राज्य के अधीन कर लिया। राजा महेंद्रवर्मन ने पड़ोसी राज्य चंपा के साथ वैवाहिक संबंध बनाकर शांति स्थापित की थी। उनके बाद इशनवर्मन ने 616 ईसवी में नई राजधानी स्थापित की और वहाँ स्थानांतरित हो गए। चेन्ला के शाही परिवारों ने अपने से पहले के फुनान शासन के राजनीतिक, सामाजिक एवं धार्मिक संस्थानों का सांस्कृतिक तौर पर संरक्षण किया। इस प्रकार उनमें निहित भारतीय मूल्यों की भी रक्षा हुई। चेनला का झुकाव हिंदू धर्म की ओर था।

इंडोनेशिया के जावा में शैलेंद्र साम्राज्य में चेनला राज्य उसके अधीन हो गया था। जयवर्मन द्वितीय (802–850 ई.) ने खमेरवासियों को जावाई आधिपत्य से मुक्त कराया और खमेर साम्राज्य की स्थापना की।

अंग्कोरियाई युग या खमेर साम्राज्य का कालखंड नवीं सदी के पूर्वार्ध से पंद्रहवीं सदी के पूर्वार्ध तक रहा। सांस्कृतिक उपलब्धियों या राजनीतिक शक्ति के तौर पर यह समय खमेर सभ्यता का स्वर्ण युग था। आधुनिक नगर सियमरीप के निकट अंग्कोरियाई शहरों में स्थित भव्य मंदिर जयवर्मन द्वितीय के वंशजों की महान् उपलब्धियाँ हैं। अपने देश के इतिहास एवं परंपराओं को घृणा की दृष्टि से देखने वाले खमेर रूज ने भी लोकतांत्रिक कंपूचिया के झंडे पर अंग्कोरियाई मंदिर की छवि अंकित की थी। इसी तरह का मूलभाव पी.आर. के. (People's Republic of Kampuchea) के ध्वज पर भी मिलता है। आधुनिक कंबोडिया या कंपूचिया का नाम भी जयवर्मन द्वितीय के राज्य के आधार पर ही पड़ा। 9वीं सदी के पूर्वार्ध से 15वीं सदी के मध्य तक इसका नाम 'कंबुज' था। यह नाम मूलतः एक उत्तर भारतीय राज्य/कबीले था, जिसके आधार पर आधुनिक नाम रखे गए हैं।

जयवर्मन द्वितोय ने अंग्कोरियाई मंदिरों के पास हरिहरालय नामक राजधानी स्थापित करने से पहले अनेक राजधानियों की स्थापना की थी। उनके बाद इंद्रवर्मन प्रथम (877–889) ने खमेर की सीमा का विस्तार पश्चिम में थाईलैंड के कोरात पठारों तक किया। उन्होंने चावल की खेती की सिंचाई के लिए

राजधानी के उत्तर में विशाल जलाशय बनाने का आदेश दिया था। उनके पुत्र यशोवर्मन प्रथम (889–900 ई.) ने पूर्वी जलाशय का निर्माण कराया, जिसके अवशेष आज भी मिलते हैं। 6 कि.मी. लंबी और 1.6 कि.मी. चौड़ी इसकी दीवारें आज भी देखी जा सकती हैं। इंद्रवर्मन प्रथम और उनके वंशजों द्वारा निर्मित किए गए विस्तृत जलाशयों और नहरों के कारण ही आधी सहस्राब्दी से भी अधिक समय तक कंबुज साम्राज्य संपन्न रहा। किसानों को अनिश्चित मानसून पर निर्भर होने से बचाकर उन्होंने एक प्रारंभिक 'हरित क्रांति' की शुरुआत की थी, जिस कारण देश में चावल की अतिरिक्त उपज होने लगी।

सूर्यवर्मन द्वितीय (1113–1150 ई.) सबसे महानतम अंग्कोरियाई शासकों में से एक थे। उन्होंने मध्य वियतनाम के चंपा साम्राज्य के खिलाफ

अनेक सफल युद्धों के जरिए अपने राज्य की सीमा का विस्तार किया था। इसके अलावा उन्होंने पश्चिम में बर्मा की इरावदी नदी तक छोटे मोन राजतंत्रों को भी स्थापित किया था। उन्होंने थाई लोगों को कुछ आजादी दी और मलय प्रायद्वीप के उत्तरी हिस्से पर अपना आधिपत्य स्थापित किया था। उनकी सबसे बड़ी उपलब्धि अंग्कोरवाट के मंदिर परिसर का निर्माण था। विश्व के सबसे बड़े धार्मिक प्रासाद के तौर पर अंग्कोरवाट को दक्षिण-पूर्वी एशिया में सबसे भव्य वास्तुशिल्प का एकमात्र उदाहरण माना जाता है।

अंग्कोर वाट मंदिर

कंबोडिया स्थित अंग्कोरवाट पहले हिंदू एवं उसके बाद बौद्ध धर्मस्थल था। यह विश्व का सबसे बड़ा धार्मिक स्थल भी है। मंदिर का निर्माण 12वीं सदी के पूर्वार्द्ध में खमेर साम्राज्य की राजधानी यशोधरापुर (वर्तमान में अंग्कोर) में खमेर नरेश सूर्यवर्मन द्वितीय ने करवाया था। इसका निर्माण उन्होंने राज्य के धर्मस्थल और अंततः अपने मकबरे के रूप में करवाया था। उनसे पूर्व के राजाओं की शैव परंपरा को तोड़ते हुए, अंग्कोरवाट भगवान् विष्णु को समर्पित किया गया था। मंदिर का निर्माण खमेर स्थापत्य की वास्तुकला का

उत्कृष्ट नमूना है। आज यह मंदिर कंबोडिया की पहचान है। मंदिर की छवि कंबोडिया के राष्ट्र-ध्वज पर भी अंकित है और पर्यटकों के लिए यह प्रमुख आकर्षण का केंद्र है।

अंग्कोरवाट में खमेर मंदिर वास्तुकला के दो बुनियादी नियमों का समावेश किया गया है—टेंपल माउंटेन और उसके बाद विस्तृत मंदिर प्रांगण। इसे हिंदू पौराणिक कथाओं में देवों का निवास कहे जाने वाले मेरु पर्वत की प्रतिकृति के रूप में तैयार किया गया है। यह एक खाई में स्थित है, जिसकी बाहरी दीवार 3.6 कि.मी. लंबी है और इसमें तीन आयताकार गलियारे हैं, जिनमें प्रत्येक गलियारा पहले वाले गलियारे से ऊँचा है। मंदिर परिसर के मध्य में पाँच इमारतें हैं। मंदिर को इसकी भव्यता और सौहार्द के लिए, आधार-पटल पर उभरी हुई आकृतियों और इसकी दीवारों पर सुसज्जित अनेक देव-प्रतिमाओं के लिए पसंद किया जाता है।

खमेर भाषा में अंग्कोरवाट का अर्थ है 'टेंपल सिटी' अथवा 'मंदिरों का शहर'; अंग्कोर का अर्थ है—'शहर' अथवा 'राजधानी शहर'। यह स्थानीय शब्द नोकोर से बना है, जो संस्कृत भाषा के नगर शब्द से आया है। खमेर भाषा में वाट का अर्थ है—'मंदिर भूमि'। यह शब्द पाली भाषा के शब्द 'वट्ट' से बना है।

अंग्कोरियाई इमारतों में हिंदू खगोलशास्त्र : ईमारतों की संरचना हिंदू पौराणिक ब्रह्मांड के आकार को दर्शाती है। उदाहरण के लिए, अंग्कोरवाट के मध्य में स्थित पाँच इमारतें मेरु पर्वत की चोटियों को दर्शाती हैं, जो कि ब्रह्मांड का केंद्र है; बाहरी दीवार विश्व के चारों ओर स्थित पर्वतों के वर्तुल को इंगित करती है; खंदक या खाई ब्रह्मांडीय महासागर का प्रतीक है।

जयवर्मन सप्तम (1181-1218 ई.) का शासनकाल कंबुज शक्ति साम्राज्य का शीर्षबिंदु था। हिंदू देवशासन को मानने वाले अपने पूर्वजों के विपरीत, जयवर्मन सप्तम ने बौद्ध धर्म की महायान धारा को अपनाया। स्वयं को बोधिसत्त्व के तौर पर स्थापित कर जयवर्मन सप्तम ने अंग्कोर थोम एवं बेयन जैसी अनेक इमारतों का निर्माण कराया। बेयन अद्‍भुत उपासना स्थल

है। इसके पत्थर से बने स्तंभों पर गौतम बुद्ध, देवताओं और राजाओं की कुल 216 मुखाकृतियाँ हैं। उसने अपने साम्राज्य में 200 से अधिक विश्रामगृह और अस्पतालों का निर्माण कराया। रोमन सम्राटों की तरह जयवर्मन ने राजधानी और अन्य कस्बों के बीच मार्ग भी निर्मित कराए। इतिहासकार जॉर्ज सीडेस के अनुसार, 'अन्य किसी कंबोडियाई शासक ने इतने निर्माण कार्य नहीं करवाए।'

http://en.wikipedia.org/wiki/Early_History_of_Cambodi

कंबोडिया पर हिंदुत्व का प्रभाव : चित्र

इंडोनेशिया का हिंदू इतिहास

जावा और सुमात्रा में द्वीपांतरा या यवद्वीप हिंदू साम्राज्य के संदर्भ का 200 ईसापूर्व के संस्कृत साहित्य में उल्लेख मिलता है। भारत के प्राचीन महाग्रंथ रामायण में श्रीराम के सेनापति सुग्रीव ने सीता की खोज में अपने सैनिकों को जावा द्वीप के यवद्वीप में भेजा था। इंडोनेशिया में मिला सबसे प्राचीन पुरातात्त्विक अवशेष पश्चिमी जावा के उजुंग कुलोन नेशनल पार्क से प्राप्त पहली सदी में बनी गणेश भगवान् की प्रतिमा थी, जो पनईतन द्वीप के माउंट रक्षा पर्वत शिखर से मिली थी। पश्चिमी जावा में सुंद साम्राज्य के दूसरी सदी के अवशेष भी प्राप्त हुए हैं। दक्षिण भारत के पल्लव वंश ने चौथी व पाँचवीं शताब्दी में दक्षिण भारतीय संस्कृति का दक्षिण-पूर्वी एशिया में विस्तार किया था। जावा व बोर्नियो से पल्लव लिपि में अंकित पाँचवीं शती के पाषाण शिलालेख भी प्राप्त हुए हैं।

बाद में समस्त इंडोनेशिया में अनेक हिंदू व बौद्ध साम्राज्य उभरे तथा समाप्त हो गए। ऐसा ही एक राज्य तारुमंगरा था, जो 358 से 669 ईसवी तक अस्तित्व में था। आधुनिक जकार्ता के निकट पश्चिमी जावा में इस साम्राज्य के पाँचवीं सदी के शासक पूर्णवर्मन द्वारा निर्मित प्राचीन शिलालेख मिलते हैं। बोगोर के निकट स्थित ये सियारुतियन शिलालेख कहलाते हैं। इस स्मारक में राजा पूर्णवर्मन ने अपना नाम व पाँवों के निशान तथा शाही हाथी के पैरों के निशान भी इस पर अंकित करवाए। यह शिलालेख पल्लव लिपि व संस्कृत में लिखा गया है और 1500 वर्षों बाद भी स्पष्ट रूप से पढ़ा जा सकता है।

सातवीं से ग्यारहवीं सदी तक के इंडोनेशियाई द्वीपसमूह के राजनीतिक इतिहास पर सुमात्रा के श्रीविजय का अत्यधिक प्रभाव रहा। इसके अलावा मध्य जावा में शैलेंद्र ने दुनिया का सबसे बड़ा बौद्ध स्मारक बोरोबुदर भी निर्माण कराया। 14वीं व 15वीं सदी से पहले के इतिहास पर पूर्वी जावा के मजपहित साम्राज्य का प्रभाव रहा। यह साम्राज्य सभी इंडोनेशियाई राज्यों व पश्चिम के मलय प्रायद्वीप के पश्चिमी तट पर मलक्का का सबसे उत्कृष्ट साम्राज्य था।

आठवीं सदी से दसवीं सदी के बीच में आधुनिक योग्यकर्ता के समीप

मध्य जावा में स्थित मेडांग (या जिसे पहले मातरम भी कहा जाता था) हिंदू साम्राज्य था। श्रीसंजय मातरम के पहले शासक थे और उन्होंने कई शिलालेख लगवाए। योग्यकर्ता के आस-पास प्रांबनन के हिंदू मंदिरों का निर्माण दक्ष ने करवाया था। 996 ई. में धर्मवंग्स ने महाभारत का प्राचीन जावाई भाषा में अनुवाद करवाया।

एअरलंग्ग मातरम राज्य के अंतिम प्रमुख शासकों में से थे, जिन्होंने 1016 से 1046 तक शासन किया। बाली के उदयन के पुत्र तथा धर्मवंग्स के रिश्तेदार एअरलंग्ग ने बाली सहित इस संपूर्ण साम्राज्य को पुनर्स्थापित किया था।

सुमात्रा में श्रीविजय विशुद्ध मलय राज्य था, जिसका प्रभाव समूचे दक्षिण-पूर्वी एशियाई तटीय क्षेत्र पर था। सातवीं शती में भारत के साथ व्यापारिक संबंध बनने के साथ ही हिंदू व बौद्ध धर्म का प्रभाव यहाँ पहुँचा, जिससे शक्ति-संपन्न श्रीविजय साम्राज्य फला-फूला। पहली सदी से ही इंडोनेशियाई जहाजों ने अफ्रीका तक की व्यापारिक यात्राएँ भी शुरू कर दी थीं। श्रीविजय आधुनिक कालीन तटवर्ती व्यापारिक केंद्र पालेमबांग में स्थित था और उसका

सुमात्रा, पश्चिमी जावा एवं अधिकांश मलय प्रायद्वीप के विशाल क्षेत्र पर आधिपत्य था। राजा राज चोल प्रथम के शासनकाल के दौरान दक्षिण भारत के चोल साम्राज्य एवं श्रीविजय के बीच मैत्रीपूर्ण संबंध थे। ग्यारहवीं सदी तक श्रीविजय साम्राज्य का प्रभाव धूमिल पड़ चुका था। इस साम्राज्य का अंतिम शिलालेख 1374 ई. का मिलता है, जिसमें राजकुमार अनंगवर्मन का उल्लेख है। श्रीविजय साम्राज्य 1414 ई. तक अस्तित्व में रहा, जिसके अंतिम राजकुमार परमेश्वर थे।

आमतौर पर यह माना जाता है कि इस्लाम के आगमन से पहले मजपहित इंडोनेशिया का सबसे मजबूत साम्राज्य था। हिंदू मजपहित साम्राज्य की स्थापना तेरहवीं सदी के उत्तरार्ध में पूर्वी जावा में केर्तराजस ने की थी। इंडोनेशिया के इतिहास में गजमाड के शासनकाल को इस साम्राज्य का 'स्वर्ण युग' कहा जाता है। इस दौरान यानी कि लगभग 1293 से 1500 ई. तक साम्राज्य का प्रभाव दक्षिणी मलय प्रायद्वीप, बोर्नियो, सुमात्रा एवं बाली तक फैला। मजपहित साम्राज्य की शक्ति क्षीण होने के बाद इसके अनेक दरबारी, कारीगर, पुजारी एवं शाही परिवार के सदस्य पूर्व की ओर बाली द्वीप में पलायन कर गए थे।

http://en.wikipedia.org/wiki/History_of_Indonesia

मलेशिया और सिंगापुर में हिंदू राज्य

मलय प्रायद्वीप में हिंदू संस्कृति का प्रभाव ईसापूर्व तीसरी सदी से पड़ने लगा था। प्राचीन तमिल लोग मलय प्रायद्वीप को 'स्वर्णद्वीप' या 'सोने का प्रायद्वीप' के नाम से पुकारते थे। ईसापूर्व पहली सदी में इसके भारत के साथ व्यापारिक संबंध स्थापित हुए थे। चौथी-पाँचवीं सदी में दक्षिण भारत के पल्लव साम्राज्य ने दक्षिण-पूर्वी एशिया में दक्षिण भारतीय तमिल संस्कृति का प्रसार किया। चौथी सदी से ही संस्कृत में लेखन पद्धति का उपयोग शुरू हो गया था। मलेशिया में रहनेवालों की भाषा एवं संस्कृति पर हिंदू व बौद्ध धर्म का बड़ा गहरा प्रभाव पड़ा।

दूसरी व तीसरी सदी के दौरान यहाँ कम-से-कम तीस मलय-साम्राज्य थे। दूसरी सदी की एक तमिल कविता 'पट्टिनापलई' में चोल साम्राज्य की राजधानी की सड़कों पर केदाह्म् का सामान बेचे जाने का उल्लेख मिलता है। सातवीं सदी के संस्कृत नाटक 'कौमुदीमहोत्सव' में केदाह को कतह नागरी कहा गया है। 'लंकासुका' मलेशिया के सबसे पहले राज्यों में से एक था, जो कि उत्तरी मलय प्रायद्वीप में केदाह में स्थित था। कंबोडिया में फुनान साम्राज्य से इसका निकट संबंध था, जिसने उत्तरी मलेशिया के कुछ हिस्सों में छठी सदी तक शासन किया। 'सेजाराह मेलायु' के अनुसार खमेर राजकुमार राजा गंजी सर्जुना ने 700 ईसवी में गंग नेग्रा (आधुनिक बेरुअस, पेरक) राज्य की स्थापना की। 7वीं से 13वीं सदी तक मलय प्रायद्वीप का अधिकांश भाग श्रीविजय साम्राज्य के अधीन था। प्राचीन पल्लव या संस्कृत भाषा में केदारम या कतह कहलाने वाले केदाह पर 1025 ईसवी से चोलों का शासन था।

सातवीं सदी के कुछ समय बाद से केदाह पर लिगोर नामक बौद्ध साम्राज्य का आधिपत्य हो गया। इसके शासक चंद्रभानु ने इस स्थान को 11वीं सदी में श्रीलंका पर आक्रमण हेतु केंद्र स्थल के रूप में उपयोग किया। इसका उल्लेख तमिलनाडु के नागापट्टिनम में पाषाण शिलालेख व श्रीलंका के महावम्स के इतिहास में निलता है।

अलग-अलग समय पर खमेर साम्राज्य, सियमीज शासन, यहाँ तक कि चोल शासन ने छोटे मलय राज्यों पर नियंत्रण करने का प्रयास किया।

ग्यारहवीं सदी में सुमात्रा तट पर जंबी नदी के पास स्थित मेलायु, जो कि संभवतः सुमात्रा के तट तक व्याप्त था, सत्ता का केंद्र बन गया था। 13वीं सदी के उत्तरार्ध तक सुखोथाई के सियमीज राजाओं ने अधिकांश मलय क्षेत्र को अपने अधीन कर लिया। 14वीं सदी में इस प्रायद्वीप पर जावा के हिंदू मजपहित साम्राज्य का आधिपत्य हो गया।

http://en.wikipedia.org/wiki/History_of_Malaysia

भुजंग घाटी (मलेशिया) : लगभग 224 वर्ग कि.मी. वाले क्षेत्र में फैली भव्य भुजंग घाटी या लेंबाह भुजंग ऐतिहासिक महत्त्व का स्थान है। केदाह में स्थित यह घाटी पुरातत्त्व की दृष्टि से मलेशिया का सबसे समृद्ध स्थान है।

http://www.photodharma.net/Malaysia/Bujang-Valley-Museum/Bujang-Valley-Museum.htm

यहाँ से प्राप्त पुरातात्त्विक अवशेष बताते हैं कि यहाँ कभी मलय हिंदू-बौद्ध शासन स्थापित था। भुजंग संस्कृत शब्द है, जिसका अर्थ होता है साँप या सर्प। इसे आमतौर पर 'अजगर या सर्प घाटी' कहा जाता है। यह क्षेत्र आज खँडहरों से अटा पड़ा है। यहाँ पचास से अधिक प्राचीन समाधि मंदिरों के अवशेष मिले थे। इन मंदिरों को 'चंडी' (candi) कहा जाता है। इनमें सबसे आकर्षक एवं अच्छी दशा में मिले अवशेष मेरबोक के पेंग्कालान भुजंग में स्थित हैं। भुजंग घाटी का पुरातात्त्विक संग्रहालय भी यहाँ स्थित है। भुजंग घाटी के सुंगई बाटु क्षेत्र में उत्खनन में पोत के अवशेष, लोहा पिघलाने वाले स्थान, 110 ई. के मिट्टी की ईंटों से निर्मित स्मारक प्राप्त हुए हैं। यह स्मारक दक्षिण-पूर्वी एशिया में प्राप्त सबसे पुराना मानव निर्मित ढाँचा सिद्ध होता है।

शोध बताते हैं कि 110 ईसवी के आस-पास संभवतः वहाँ हिंदू-बौद्ध शासन था। स्थानीय शासकों ने भारतीय सांस्कृतिक और राजनीतिक ढाँचे को पूर्वी बोर्नियो के कुताई, पश्चिमी जावा के दक्षिणी सेलेबस या तारुमनेगरा से काफी पहले अपना लिया था। इन स्थानों पर भारतीय प्रभाव के चिह्न पाँचवीं सदी के आरंभ काल से मिलने प्रारंभ हुए। भुजंग घाटी से मिले अवशेष आज पुरातात्त्विक संग्रहालयों में प्रदर्शन के लिए रखे गए हैं। इनमें पाषाण निर्मित डिब्बे एवं पट्टिकाएँ, धातु निर्मित औजार एवं आभूषण, मिट्टी से बनी कलाकृतियाँ, मिट्टी के बरतन एवं हिंदू मूर्तियाँ शामिल हैं।

विगत दो दशकों से मलेशिया के विश्वविद्यालयों से छात्रों को शोध के लिए आमंत्रित किया जा रहा है और उन्होंने घाटी में स्नातक शिक्षा के अंतर्गत शोध किए हैं। हालाँकि आज अधिकांश धर्मग्रंथों व शिलालेखों के नष्ट होने से ऐतिहासिक संदर्भ धुँधले पड़ चुके हैं। यहाँ तक कि पिछले 1200 वर्षों में लकड़ी की छतों के खराब हो जाने के कारण मंदिर भी समय के साथ-साथ समाप्त हो चुके हैं। संग्रहालय भी अव्यवस्थित और जरूरत के हिसाब से नाकाफी हैं, इसी कारण पुरातात्त्विक खोज का काफी सामान नेगारा संग्रहालय से सिंगापुर (जो कभी मलेशिया का हिस्सा था) तक बिखरा पड़ा है। लोककथाओं एवं किस्से-कहानियों में आभूषणों और स्वर्ण के भव्य

साम्राज्य का भी वर्णन आता है। प्रायद्वीपीय एवं द्वीपीय दक्षिण-पूर्वी एशिया से बाहर भारत में कुछ दंतकथाएँ प्रचलित हैं, जिनमें भुजंग घाटी और माउंट जेराई में स्वर्णजटित रथ एवं आभूषणों से भरी गुफाओं का उल्लेख आता है। नेगारा संग्रहालय देखने वाले कुछ पर्यटकों ने राजा बेसुईंग के 10 फीट ऊँचे सिंहासन तथा घाटी से मिली अन्य बेशकीमती मूर्तियों एवं वस्तुओं को अपनी आँखों से देखा है।

1 दिसंबर, 2013 को समाचार आया था कि भू-विकास करनेवाली एक संस्था ने 1200 वर्षों पुराने चंडी नं. 11 नामक हिंदू मंदिर को गिरा दिया है। जन आलोचना के चलते केदाह राज्य सरकार ने आरोपों को नकारते हुए दावा किया कि वह इस मामले में कुछ नहीं कर सकती थी, क्योंकि यह भूमि निजी संपत्ति थी और उसे ऐतिहासिक महत्त्व के स्थान के तौर पर भी चिह्नित नहीं किया गया था। तोड़े गए अवशेष का दौरा करने वाले पेनांग (केदाह का पड़ोसी राज्य) के उपमुख्यमंत्री डॉ. पी. रामास्वामी ने कहा था कि उन्हें पता चला है कि केदाह के मेरबक भू-कार्यालय (लैंड ऑफिस) ने उस जमीन पर कोई भी 'ऐतिहासिक महत्त्व की वस्तु' न होने की जानकारी के बाद भू-विकास एजेंसी को उस भूमि से सब प्रकार के निर्माण हटाने के लिए अधिकृत किया था। जब वह ऐतिहासिक मंदिर तोड़ा जा रहा था, मलेशिया के केंद्रीय पर्यटन एवं संस्कृति मंत्री श्री मोहम्मद नजरी अब्दुल अजीज, यह जानते हुए भी कि लेंबाह भुजंग मलेशिया का सबसे समृद्ध पुरातात्त्विक स्थान है और दक्षिण-पूर्वी एशिया की सबसे पुरानी मानव निर्मित ऐतिहासिक संरचना भी है, उस घटना को रोकने में असफल रहे।

Bujang Valley find breaks new ground

> Proves Kedah had the most advanced civilisation in SEA

BY HIMANSHU BHATT
newsdesk@thesundaily.com

SUNGAI PETANI: It may not be as vast as the 12th century Angkor Wat complex or as elaborate as the 9th century Borobudur temple. But the site in the Bujang Valley labelled by archaeologists as SB2F has one particular feature that stands out from the rest. Dated 50BC, this ancient iron foundry is the oldest man-made site found in Southeast Asia.

With its sophisticated system of drainage channels and air-blast nozzles or "tuyeres", SB2F has unearthed ground-breaking evidence that Kedah harboured the earliest known advanced civilisation in Southeast Asia.

The site now pre-dates neighbouring empires like Champa (200 AD), Funan (100 AD), Sri Vijaya (700AD) and Majapahit (1200AD).

A visit by *theSun* to the Sungai Batu site showed a number of furnaces and jetties that have been excavated around the remains of a geometrically precise monument dated 110AD believed to have been used for religious or ritualistic purpose.

Archaeology staff Azman Abdullah, who works with the Centre for Global Archaeological Research (CGAR) of Universiti Sains Malaysia, said the students and workers needed patience and skill to remove and analyse hundreds of artefacts. "After working here for some time, I was amazed to discover that Asians during the early period were more advanced in many ways that the west," he said.

Azman also noted that the ancient urban-scape of the area was well designed with one section meant for the foundries and another for jetties, with a ceremonial monument. SB2F is among 97 ancient structures that have been detected within a 4sq km area at Sungai Batu. Only 29 have been excavated so far.

theSun reported yesterday that the age of the site was recently confirmed through radiocarbon tests conducted by the Beta Analytic Inc laboratory in Florida.

It is understood that the type of metallurgy found is similar to techniques used in the Indian subcontinent during that period. The close proximity of the jetties to the foundries also indicates that the settlement had an export-oriented iron industry.

MASRY CHE ANI/THESUN

USM archaeology staff Azman Abdullah holds an ancient clay tuyere (air-blast nozzle) that was used in one of the 2,000-year-old iron furnaces.

http://en.wikipedia.org/wiki/Bujang_Valley

थाईलैंड का हिंदू इतिहास

थाई लोगों का प्राचीन नाम स्याम भी है, जिसका अर्थ है—'गहरे भूरे रंग के लोग'। स्याम शब्द संस्कृत शब्द श्याम से बना है, जो श्यामवर्ण श्रीकृष्ण या भगवान् विष्णु का नाम है। कंबोडिया में अंग्कोरवाट के खमेर मंदिर परिसर में 12वीं सदी के एक शिलालेख में स्याम को 'गहरे भूरे रंग' के लोग कहा गया है। आज तक थाई विद्वान् संस्कृत की इस धरोहर पर गर्व महसूस करते हैं।

मोन, खमेर और मलय जैसे भारतीय संस्कृति से प्रेरित साम्राज्यों ने पहली सदी से थाईलैंड के विभिन्न हिस्सों पर शासन किया। शुरुआती दिनों से ही थाईलैंड पर खमेर साम्राज्य का शासन रहा, जिसकी जड़ें हिंदू धर्म से जुड़ी थीं और वहाँ के समाज पर यह प्रभाव आज भी बना हुआ है। बाद में थाई लोगों ने सुखोथाई, चियांग सेन, चियांग मई, लन्न राज्य और अयुथ्या जैसे अपने राज्यों की स्थापना की।

प्रसिद्ध रामाकिएन (राम कीर्ति अथवा राम की महिमा) थाईलैंड का राष्ट्रीय ग्रंथ है, जो कि रामायण पर आधारित है। थाईलैंड की पुरानी राजधानी अयुथ्या का नाम भी भारतीय आदर्श प्रभु श्रीराम की जन्मभूमि अयोध्या के आधार पर ही रखा गया था। थाई मुखौटा नृत्य (थाई भाषा में खोन) पुराने समय से चली आ रही परंपरा है, जो अत्यंत आकर्षक नृत्य है और थाई समाज का महत्त्वपूर्ण अंग है। खोन नृत्य की प्रत्येक भूमिका रामाकिएन के विभिन्न प्रसंगों पर आधारित होती है। ऐसा माना जाता है कि खोन की परंपरा 700 वर्षों से भी अधिक पुरानी है।

थाई समाज में ब्राह्मण रीति-रिवाज बेहद आम हैं, जिनमें शंख से अभिषेकी जल प्रवाहित करना और आशीर्वाद रूप में पवित्र धागा देने की परंपरा निहित है। आधिकारिक तौर पर बौद्ध राज्य होने के बावजूद थाई लोग हिंदू देवी-देवताओं की पूजा करते हैं और गणेश, ब्रह्मा, विष्णु, इंद्र एवं तथा शिव की प्रतिमाएँ अधिकांश स्थानों पर देखने को मिलती हैं।

विद्वानों ने काफी पहले से ही थाई धार्मिक संस्कृति में महत्त्वपूर्ण रूप में स्थित 'हिंदू' तत्त्वों को मान्यता दी है। इनमें अन्य बातों के अलावा शासकों

द्वारा शाही अनुष्ठान संपन्न करने के लिए ब्राह्मणों को नियुक्त करना, थाई कलाकृतियों, साहित्य, भूगोल एवं प्रचलित पूजा-अर्चना में हिंदू, देवी-देवताओं की सर्वव्यापी मौजूदगी भी शामिल हैं। सोंग्क्रान, लोई क्राथोंग एवं पहली जोत जैसी प्रथाएँ कई लोकप्रिय हिंदू उत्सवों से काफी कुछ मिलती हैं।

थाई सरकार की पसंद है हिंदू धर्म

बैंकॉक के सुवर्णभूमि हवाई अड्डे पर भारतीय पौराणिक संदर्भ समुद्र-मंथन की कथा पर आधारित विशाल प्रतिमा स्थापित है। समुद्र-मंथन में देव और असुर क्षीरसागर में विष्णु कूर्म अवतार (चतुर्भुजी रूप में पर्वत के शीर्ष पर खड़े) के रूप में पर्वत को थामने के लिए धुरी के रूप में शामिल हुए थे। प्रतिमा में भगवान् विष्णु पर्वत को प्रमुख रूप से उठाए दिखते हैं। हिंदू धर्म का एक अन्य पौराणिक संदर्भ

गरुड़ शाही परिवार का प्रतीक है।

थाईलैंड सरकार ने हिंदू देवी-देवताओं की छवियों वाली डाक टिकटें भी जारी की हैं, जिन्हें देखकर एशिया एवं विश्व के अन्य भागों में रहने वाले हिंदू गर्व का अनुभव करेंगे। हिंदू धर्म के साथ थाईलैंड का प्रगाढ़ संबंध है और थाई लोगों को अपनी बहुरंगी थाई संस्कृति एवं परंपरा के साथ-साथ भारत (हिंदू) के साथ संबंधों पर गर्व है।

वर्ष 2000 की थाई जनगणना के अनुसार 94.6 प्रतिशत थाई बौद्ध थेरावद परंपरा से संबद्ध थे। 4.6 प्रतिशत के साथ मुस्लिम आबादी थाईलैंड में दूसरे स्थान पर है। 2005 की जनगणना के अनुसार थाईलैंड में 52,631 हिंदू रह रहे थे, जो कि देश की कुल आबादी का 0.09 प्रतिशत था।

http://en.wikipedia.org/wiki/History_of_Thailand
http://www.oxfordbbiliographies.com/view/document/obo-9780195393521/obo-9730195393521-0128.xml

थाईलैंड में हिंदू प्रभाव

बैंकॉक में स्थित हिंदू इष्टदेव ब्रह्मा, इंद्र एवं देवी लक्ष्मी की प्रतिमाएँ

वियतनाम का हिंदू इतिहास

चौथी सदी में कंबोडिया के हिंदू साम्राज्य फुनान के साथ युद्धों और फुनान क्षेत्र पर आधिपत्य के साथ चाम समाज में हिंदू संस्कृति का प्रभाव बढ़ा। संस्कृत को विद्वानों की भाषा के रूप में अपनाया गया तथा हिंदू धर्म, विशेषकर शैववाद चाम राज्य का धर्म बन गया। लगभग 7वीं सदी से 1832 तक वर्तमान मध्य और दक्षिणी वियतनाम में चंपा साम्राज्य का आधिपत्य रहा, जिसे बाद में वियतनाम ने अपने अधीन कर लिया। इस राज्य को चाम एवं कंबोडियाई शिलालेखों में नागर चंपा, वियतनामी में चम पा, हान वियत में चियेम थान्ह एवं चीनी

दस्तावेजों में झान चेंग कहा गया है। आधुनिक वियतनाम एवं कंबोडिया के चाम लोग इसी पुराने साम्राज्य के वंशज हैं। वे मलयो-पोलिनेशियाई भाषा चाम बोलते हैं। 9वीं एवं 10वीं सदी में चंपा साम्राज्य अपने उत्कर्ष पर था। इसके बाद वियतनामी राजतंत्र के हावी होने के बाद धीरे-धीरे इसका पतन होने लगा। वियतनामी साम्राज्य आधुनिक हनोई क्षेत्र में स्थित था। माई-सन नामक एक पूर्व धार्मिक केंद्र एवं चंपा के प्रमुख तटवर्ती शहरों में से एक होईएन आज ऐतिहासिक धरोहर है। 7वीं से 15वीं सदी के मध्य क्वांग नाम, क्वांग नगाई, बिन्ह दिन्ह, फू येन, खान्ह होआ, निन्ह थुआन एवं बिन्ह थुआन जैसे वर्तमान प्रांत चंपा साम्राज्य के अंग थे।

ऐतिहासिक दृष्टि से चंपा राज्य आधुनिक वियतनाम के तटीय क्षेत्र के साथ दक्षिण से उत्तर तक विभिन्न क्षेत्रों या रियासतों में बँटा हुआ था तथा एक समान भाषा, संस्कृति और विरासत से जुड़ा हुआ था। प्राचीन चंपा साम्राज्य में पाँच रियासतें शामिल थीं—

1. **इंद्रपुर (इंद्र का शहर) :** यह शहर 875 से 1000 ई. तक चंपा की राजधानी था। दा नांग क्षेत्र में प्राचीन चाम शहर सिंगापुर (सिंह का शहर) नामक शहर भी था, जहाँ आज भी कई प्राचीन मंदिरों एवं

भवनों के अवशेष देखे जा सकते हैं।

2. **अमरावती** : आधुनिक क्वांग नाम प्रांत में अमरावती शहर स्थित था। 10वीं सदी में चाम राज्य ने माई-सन के मंदिर प्रांगणों में स्थित जातलिंग का विभाजन कर दिया था।
3. **विजया** : आधुनिक बिन्ह दिन्ह प्रांत में विजया स्थित था। 1000 ई. के आस-पास जब वियत के दबाव में इंद्रपुर की उत्तरी राजधानी को खाली करना पड़ा था, उस समय विजया चंपा साम्राज्य का राजनीतिक एवं सांस्कृतिक केंद्र बन गया था। यह नगर 1471 ई. तक चंपा का केंद्र रहा।
4. **कौथरा** : आधुनिक खान्ह होआ प्रांत क्षेत्र में कौथरा स्थित था। इसका धार्मिक एवं सांस्कृतिक केंद्र पो नगर का मंदिर था, जिसकी अनेक इमारतें आज भी न्हा त्रांग में स्थित हैं।
5. **पांडुरंग** : आधुनिक निन्ह थुआन प्रांत में यह नगर स्थित था। पांडुरंग चंपा के उन अंतिम क्षेत्रों में से था, जिन्हें वियतनाम द्वारा अपने कब्जे में किया गया था।

चंपा से जुड़ा इतिहास-लेखन तीन स्रोतों पर निर्भर करता है—

- भौगोलिक अवशेषों पर, जिनमें ईंटों से निर्मित ढाँचे एवं खँडहर तथा पाषाण शिलालेख हैं।
- पत्थरों की सतहों पर चाम एवं संस्कृत में लिखे गए शिलालेख।
- चीनी एवं वियतनामी इतिहास, राजनयिक दस्तावेज एवं अन्य लिखित साक्ष्य।

चंपा का हिंदू धर्म शैव मत से प्रेरित था। इसका अर्थ यह है कि वहाँ भगवान् शिव की उपासना की जाती थी और इसमें स्थानीय धार्मिक पद्धतियों का भी मिश्रण था, जैसे भूदेवी यान पो नागर की पूजा की जाती थी। चाम शैववाद का प्रमुख चिह्न शिवलिंगम था। काले पत्थर से निर्मित शिवलिंग भगवान् शिव का प्रतीक था। चाम राजाओं ने बड़ी संख्या में शाही मंदिरों में पाषाण निर्मित शिवलिंग स्थापित कराए थे। किसी एक शिवलिंग को दिया गया नाम

उसे बनवाने वाले राजा के नाम एवं प्रत्यय 'ईश्वर' से मिलकर बनता था, जो शिव का द्योतक था।

विभक्त शिवलिंग तीन हिस्सों में बँटा होता है। यह तीन अंश पवित्र हिंदू त्रिमूर्ति या तीन हिंदू देवों को इंगित करते हैं। सबसे निचला चौकोर भाग ब्रह्मा का प्रतिनिधित्व करता है; अष्टाकार मध्य भाग विष्णु का तथा गोलाकार शीर्ष भाग शिव का प्रतिनिधित्व करता है। बहुमूल्य धातु से निर्मित कोष बेलनाकार होता है, जिसे शिवलिंग को ढकने के लिए उपयोग किया जाता है। चाम शैववाद में लिंग को सजाने हेतु कोष दान का विशिष्ट महत्त्व रहा है। चाम शासक कोष के नामकरण को उतना ही महत्त्व देते थे, जितना महत्त्व शिवलिंग के नामकरण का होता था।

चाम जनता ने मध्य वियतनाम में अनेक हिंदू मंदिर (बिमोंग) बनवाए थे, जिनमें से कइयों में आज भी श्रद्धालु आते हैं। यूनेस्को विश्व धरोहर स्थल माई–सन संभवत: सबसे प्रसिद्ध चाम मंदिर परिसरों में से एक है।

नौवीं एवं दसवीं सदी में इंद्रपुर के वंश (आधुनिक वियतनाम के क्वांग नाम प्रांत में दोंग द्यूओंग) द्वारा बौद्ध धर्म की महायानी धारा को अपना लेने से कुछ समय तक चाम राज्य में हिंदू धर्म का प्रभाव क्षीण हो गया था। दोंग द्यूओंग की बौद्ध कला ने अपनी मौलिकता के लिए विशेष प्रशंसा प्राप्त की है। दसवीं सदी के प्रारंभ से हिंदू धर्म एक बार फिर से चंपा साम्राज्य का प्रमुख

धर्म बन गया। इस अवधि के दौरान माई-सन के अलावा ख्यूओंग माई, त्रा कियु, चान्ह लो एवं थाप मेम स्थानों पर भी धार्मिक एवं स्थापत्य कला के महत्त्वपूर्ण अवशेष मिले हैं।

आधुनिक वियतनाम में हिंदू धर्म एवं वियतनामी हिंदू

दक्षिण-मध्य तटवर्ती क्षेत्रों में लगभग 50,000 से अधिक स्थानीय चाम लोग बहुत श्रद्धाभाव से हिंदू धर्म को मानते हैं। अधिकांश चाम हिंदू नागवंशी क्षत्रिय जाति से संबंध रखते हैं, परंतु ब्राह्मण भी यहाँ अच्छी संख्या में हैं। करीब 4000 हिंदू (अधिकांश तमिल एवं चाम व या भारतीय-वियतनामी मिश्रित मूल के) हो ची मिन्ह शहर में रहते हैं, जहाँ मरियम्मन मंदिर सामुदायिक केंद्र के रूप में भी कार्य करता है। वियतनाम के निन्ह थुआन प्रांत में अधिकतर चाम लोग रहते हैं, चाम बालामोन (हिंदू चाम) की संख्या 32000 है; निन्ह थुआन के 22 गाँवों में से 15 हिंदू गाँव हैं।

लव (लाओस) में हिंदू धर्म

लव (लाओस) खमेर साम्राज्य का हिस्सा हुआ करता था। वाट फोऊ उस समय के अंतिम बड़े स्मारकों में से एक है। रामायण के लाओशियाई प्रारूप को 'फ्रा लक फ्रा लाम' कहते हैं।

वाट फोऊ अथवा वाट फू (देवालय-पर्वत) दक्षिण लव (लाओस) में स्थित खमेर मंदिर परिसर का अवशेष है। यह चंपासक प्रांत में मेकोंग (माँ गंगा) नदी से 6 कि.मी. दूरी पर फू काओ पर्वत की तलहटी में स्थित है। यहाँ 5वीं सदी में एक मंदिर था, परंतु मौजूदा अवशेष 11वीं से 13वीं सदियों के मंदिरों के हैं। इस मंदिर की बनावट अद्‍भुत है। यहाँ कुछ विशिष्ट उपक्रम के जरिए गर्भगृह तक पहुँचा जाता है। वहाँ स्थित शिवलिंग पर पर्वत से झरने का जल गिरता है। यह स्थान बाद में थेरावद बौद्ध पूजास्थल बन गया था और आज भी उसी रूप में है।

वाट फोऊ प्रारंभ में श्रेष्ठपुर नगर से जुड़ा था। यह नगर लिंगपर्वत (आधुनिक नाम फू काओ) के ठीक पूर्व में मेकोंग के तट पर स्थित था।

वर्ष 2009 में इंजीनियर आर.एस. जामवाल के नेतृत्व में भारतीय पुरातत्त्व सर्वेक्षण के एक दल ने वाट फोऊ की नींव, जल निकासी की समस्याओं, संरचनात्मक भवनों आदि का अध्ययन करने के साथ ही मंदिर के उत्तरी परिसर के अध्ययन का दस्तावेजीकरण, रिकॉर्डिंग एवं सर्वेक्षण किया था। उत्तरी परिसर के संरक्षण एवं रख-रखाव का कार्य पुनः शुरू किए जाने की संभावना है।

http://en.wikipedia.org/wiki/Wat_Phou
http://en.wikipedia.org/wiki/Hinduism_in_Southeast_Asia

फिलीपींस में हिंदू धर्म

फिलीपींस के पूर्व राष्ट्रपति रेमन मेग्सेसे ने एक बार कहा था, 'हमें यह नहीं भूलना चाहिए कि हमारे पूर्वज हिंदू थे।'

फिलीपींस में प्राप्त प्रथम दस्तावेज लगुना के ताम्रपत्र शिलालेख हैं (लगभग 900 ईसवी), इनसे पता चलता है कि सोलहवीं सदी में स्पेन की औपनिवेशिक ताकतों के आने से पहले फिलीपीनी संस्कृति पर हिंदू धर्म का प्रभाव था।

wiki/File:Laguna_Copperplate_Inscription.gif

फिलीपींस में हिंदू धर्म इंडोनेशिया के जावाई मजपहित साम्राज्य से पहुँचा था। फिलीपींस के अनेक राज्यों के शासकों को राजा कहा जाता था तथा वहाँ की लिपि ब्राह्मी से विकसित हुई थी। कर्म की हिंदू अवधारणा को अनेक फिलीपीनी लोगों द्वारा ब्रह्मांड के पारंपरिक दृष्टिकोण के तौर पर समझा जाता था तथा उसके समानांतर पंपंगन भाषा में कर्म का प्रतिरूप कल्म है और विसायन भाषा में इसे 'गाबा' कहते हैं। 1450 ई. में सूलू द्वीप में एक अरब व्यापारी और 1521 ईसवी में स्पेन की ओर से फर्दिनांद मेगेलान के आने से फिलीपींस में हिंदू धर्म का प्रभाव कम होना शुरू हुआ।

फिलीपींस द्वीपसनूह में उन धर्मों से हिंदू देवी-देवताओं की मूर्तियों को बचाने के लिए छिपाकर रखा गया था, जो सभी प्रतिमाओं एवं तस्वीरों को नष्ट कर देते थे। 1917 में मिंदानाओ में हिंदू-मलय देवी की सोने से बनी लगभग दो किलाग्राम वजन की 'गोल्डन तारा' नामक प्रतिमा मिली थी। यह मूर्ति अब शिकागो के फील्ड म्यूजियम ऑफ नेचुरल हिस्टरी में रखी है। यह

'इक्कीस कैरेट गोल्ड' से निर्मित है। इसके सिर पर रत्नजड़ित साफा बँधा है और बाजू व शरीर के अन्य हिस्सों पर भी कई आभूषण हैं। विद्वानों का मानना है कि यह प्रतिमा 13वीं सदी के उत्तरार्ध या 14वीं सदी के पूर्वार्ध की है। इसे संभवतः किसी जावाई मॉडल को देखकर फिलीपींस के स्थानीय कारीगरों ने बनाया होगा। इसमें उपयोग किया गया स्वर्ण भी इसी क्षेत्र का है। 'फिलीपींस नृविज्ञान एवं पुरातत्त्वशास्त्र के जनक' प्रो. बयर ने 1918 में इसे सरकार से राष्ट्रीय संग्रहालय के लिए खरीदने को कहा था, लेकिन उस समय स्वर्ण का मूल्य 4,000 पेसोस (तत्कालीन दर पर) पहुँचने के कारण सरकार के पास धन उपलब्ध नहीं था। एक अन्य स्वर्ण निर्मित गरुड़ मूर्ति पलावन में मिली थी। गरुड़ भगवान् विष्णु की सवारी है।

गरुड़ आभूषणों एवं किन्नारी का जोड़ा
(सुरिगाओ खजाने का अंग)

फिलीपींस में मिले बहुसंख्य स्वर्ण आभूषणों में गरुड़ की आकृति बनी हुई है। विशिष्ट आकार के स्वर्ण से उभरे और लटकने वाले आभूषणों को देखकर इंडोनेशियाई स्वर्णाभूषणों की याद आती है। गरुड़ की आकृतियों के उपयोग से औपनिवेशिक काल से पहले के फिलीपींस में स्थानीय संबंधों का

ज्ञान होता है। बड़े आकार के आभूषणों के जोड़ों को देखकर कान अथवा बाँह के आभूषणों के रूप में उपयोग करने की जानकारी मिलती है। किन्नारी एक भारतीय देवी हैं तथा सुरिगाओ में प्राप्त उनकी स्वर्ण प्रतिमा दुनिया में सबसे उत्कृष्ट है।

पूरे फिलीपींस द्वीपसमूह की भाषाओं पर संस्कृत भाषा ने अपना स्थायी प्रभाव छोड़ा है। अनेक फिलीपीनी भाषाओं में 25 प्रतिशत शब्द संस्कृत व तमिल से हैं। उदाहरण के तौर पर बुद्धि 'चेतना', गुरो 'अध्यापक', कल्म 'किस्मत' (संस्कृत शब्द कर्म से), संस्कृत शब्द लक्ष्मण से लक्ष्मण या लक्समना 'एडमिरल (एक कुलनाम)' एवं कपास 'रुई'। फिलीपींस के विभिन्न स्थानीय समूहों में रामायण एवं महाभारत के अपने-अपने संस्करण विद्यमान हैं। महारादिया लावण प्रारूप मारानाओ का है। लाम-अंग प्रारूप इलोकानो संस्कृति से जुड़ा है। इसके साथ ही इफुगाओ के हुद-हुद के कई छंद रामायण एवं महाभारत से लिये गए हैं।

आज के फिलीपींस में महात्मा गांधी मार्ग पर एक हिंदू मंदिर (जहाँ अधिकांशतः सिंधी समुदाय जाता है) हैं तथा यूनाइटेड नेशंस एवेन्यू में एक 'खालसा दीवान इंडियन सिख टेंपल' (जहाँ अधिकांशतः पंजाबी समुदाय जाता है) है। ये दोनों मनीला शहर के पाको-पंदकान क्षेत्र में हैं, जो कि पारंपरिक

तौर पर भारतीय क्षेत्र है और दोनों धर्मस्थल एक दूसरे से 15 मिनट की दूरी पर स्थित हैं। एक अनुमान के अनुसार आज समूचे फिलीपींस में 22 गुरुद्वारे हैं। हालाँकि इनमें अधिकांशतः भारतीयों के साथ ही श्रीलंकाई एवं नेपाली भी जाते हैं। फिलीपींस में विभिन्न हरे कृष्णा समूह भी लोकप्रियता प्राप्त कर रहे हैं।

यह ऐतिहासिक सत्य है कि स्पेनिश ताकतों द्वारा ईसाइयत एवं उनसे पहले मलय व जावाई मिशनरियों द्वारा इस्लाम के प्रसार के कारण फिलीपींस में हिंदू धर्म का विस्तार बाधित हुआ था।

http://en.wikipedia.org/wiki/Hinduism_in_Southeast_Asia

सिंगापुर में हिंदू धर्म

सिंगापुर एक भारतीय शब्द है और संस्कृत में इसका अर्थ है 'सिंहों का नगर या शहर'। भले ही आज सिंगापुर की अधिकांश आबादी चीनी मूल की है, परंतु देश का नाम प्राचीन काल से भारतीय संबंधों के आधार पर चला आ रहा है। सिंगापुर का राष्ट्रीय प्रतीक मर्लियोन (आधा सिंह एवं आधी मत्स्य) है और इसे सिंघा भी कहते हैं। प्राचीन काल में सिंगापुर इंडोनेशियाई एवं मलय के हिंदू साम्राज्यों का हिस्सा था।

आधुनिक काल में सिंगापुर में हिंदू धर्म के पुनर्प्रसार का क्रम 19वीं सदी के प्रारंभ में दक्षिण भारत से प्रवासियों के पहुँचने के साथ शुरू हुआ। इनमें अधिकांश तमिल लोग थे, जो ब्रिटिश ईस्ट इंडिया कंपनी के मजदूर के रूप में यहाँ आए थे। उनके साथ उनका धर्म एवं संस्कृति भी यहाँ पहुँची। उनके आगमन के बाद पूरे द्वीप में द्रविड़ शैली के मंदिरों का निर्माण एवं बहुरंगी भारतीय संस्कृति की शुरुआत हुई। पहला हिंदू मंदिर सिंगापुर के चाइनाटाउन में निर्मित हुआ, जिसका नाम 'श्री मरियम्मन' मंदिर है। वर्तमान समय में सिंगापुर में लगभग तीस प्रमुख हिंदू मंदिर हैं, जो विभिन्न हिंदू देवी-देवताओं को समर्पित हैं। आज हिंदू मामलों की देखरेख के लिए दो सरकारी इकाइयाँ हैं—द हिंदू एंडोमेंट्स बोर्ड एवं द हिंदू एडवाइजरी बोर्ड।

http://en.wikipedia.org/wiki/Hinduism_in_Southeast_Asia

म्याँमार अथवा प्राचीन बर्मा में हिंदू धर्म

औपनिवेशिक काल से पूर्व बर्मा के इतिहास, साहित्य एवं बर्मी राजाओं के दरबारों में हिंदू धर्म का अत्यधिक प्रभाव था। इसके चिह्न बागान नाम शहर के स्थापत्य में स्पष्ट दिखते हैं। बर्मी भाषा में अनेक शब्द संस्कृत एवं पाली से लिये गए हैं और इनमें से अनेक धर्म से भी जुड़ते हैं। स्थानीय बामार समुदाय अपने विधि-विधान से हिंदू देवी-देवताओं के विभिन्न रूपों की उपासना करता है।

नटों के शासक, थग्यामिन को हिंदू देव इंद्र के समान माना जाता है। परीक्षाओं से पहले अकसर ज्ञान की देवी सरस्वती (बर्मी भाषा में थुयाथदी) की पूजा की जाती है। हिंदू धर्म ने बर्मी साहित्य को भी समृद्ध किया है। रामायण के बर्मी प्रारूप का नाम यम जत्दॉ है।

आज बर्मा में 500,000 से अधिक लोग हिंदू धर्म को मानते हैं और इनमें से अधिकांश भारतीय मूल के बर्मी नागरिक हैं। चूँकि औपनिवेशिक काल से आज तक बर्मा में औपचारिक जनगणना नहीं हुई है, इसलिए उपरोक्त संख्या अनुमान पर ही आधारित है।

http://en.wikipedia.org/wiki/Hinduism_in_Southeast_Asia

चीन में हिंदू धर्म

क्वांझू मेरिटाइम संग्रहालय में पाषाण गज शिलालेख

चीन में हिंदुत्व

HINDU GODS
AND GODDESSES
IN JAPAN
SAROJ KUMAR CHAUDHURI

歓喜天

समाहार

जॉर्ज सीडेस ने अपनी पुस्तक 'इंडियनाइज्ड स्टेट्स ऑफ साउथ ईस्ट एशिया' में लिखा है—"दक्षिण-पूर्वी देशों और द्वीपों, जहाँ प्रतीत होता है कि समान महत्त्वाकांक्षाओं के साथ चीनी सभ्यता पहले पहुँच चुकी थी, में भारतीय सभ्यता का विस्तार विश्व के इतिहास की अनोखी घटनाओं में से है, जिसने मानव जाति के बड़े भाग का भविष्य निर्धारित किया था।" प्राचीन हिंदुओं ने फारस में भी पंचांगों, उत्सवों, कला, नृत्य, औषधि, विज्ञान, तकनीक, खगोल विज्ञान, पंचतंत्र और रोमा (बंजारों) के माध्यम से अपनी सभ्यता का प्रसार किया था। बाद में फारसी, अरबी और यहूदियों ने भारतीय ज्ञान को अरब, अफ्रीका, मध्य एशिया एवं यूरोप में प्रसारित किया। प्राचीन भारतीय हिंदू निम्न वैदिक अवधारणाओं से प्रेरित थे।

- विश्व नीड़म (वसुधैव कुटुम्बकम्)—समस्त विश्व एक परिवार है।
- एकं सद् विप्र बहुधा वदन्ति—सत्य एक है, ज्ञानी उसे विभिन्न नामों से पुकारते हैं।
- आनोभद्राह कृत्वो विश्वत:—अच्छे विचार सब ओर से आने दो।
- कृण्वन्तो विश्वमार्यम्—विश्व को शिक्षित एवं सुसंस्कृत करें।
- सर्वे भवन्तु सुखिन:—सभी स्वस्थ एवं रोगमुक्त हों।
- अविभक्तम विभक्तेषु—अनेकता में एकता।

हिंदू धर्म का समूचे विश्व में प्रसार तलवार की धार पर नहीं, अपितु मानवता के प्रति स्नेह की धारा के माध्यम से हुआ था। दो हजार वर्ष पहले आधी दुनिया ने हिंदू धर्म के सांस्कृतिक मूल्यों को समझकर उसे अपनाया था।

आज विश्व आतंकवाद, कट्टरता, संकीर्ण मानसिकता, नैतिक ह्रास, एकल अभिभावकत्व, उपभोक्तावाद एवं बाजार आधारित अर्थव्यवस्था जैसे खतरों का सामना कर रहा है। ऐसे में पश्चिमी विद्वानों का मानना है—"मानवता को आध्यात्मिक तंगहाली एवं परमाणु विध्वंस से बचाने के लिए पूर्व से पश्चिम की ओर कुछ सांस्कृतिक मूल्यों एवं दार्शनिक विचारों का प्रवाह आवश्यक

है।" यानी पूरा विश्व भारत की ओर आशा भरी दृष्टि से देख रहा है।

आज आवश्यकता है कि युवा हिंदू अपने धर्म के आध्यात्मिक मूल्यों को विश्व में पुनः स्थापित करें। क्योंकि आज विश्व विज्ञान एवं प्रौद्योगिकी, यातायात एवं संचार, शिक्षा व व्यवसाय में कहीं उन्नत है, इसलिए यह कार्य करना आसान है। जरूरत है तो बस इतनी कि युवा हिंदू अपने गौरवशाली अतीत के प्रति जागरूक हों।

वर्ष 2009 में ऑस्कर पुरस्कार प्राप्त करते हुए रसूल पुकुट्टी ने कहा था, "मैं उस देश से आया हूँ, जहाँ हमेशा विश्व शांति के लिए प्रार्थना की गई है। मैं यह पुरस्कार अपने देश को समर्पित करता हूँ।" उनके शब्द भारतीय युवाओं पर स्वामी विवेकानंद के विश्वास को दर्शाते हैं।

इसलिए आइए, एक बार पुनः विश्व को सुसंस्कृत करें।

ओउम् शांति!

□□□

रवि कुमार द्वारा लिखी अन्य पुस्तकें

1. **ग्लिंप्सेस ऑफ हिंदू जीनियस (अंग्रेजी) :** यह पुस्तक प्राचीन काल के साथ-साथ आधुनिक काल के भारतीयों और प्रवासी भारतीयों की उपलब्धियों का वर्णन करती है।
2. **हिंदू प्रतिभा दर्शन (हिंदी) :** यह 'ग्लिंप्सेस ऑफ हिंदू जीनियस' का हिंदी संस्करण है। यह पुस्तक तमिल और तेलुगु भाषाओं में भी उपलब्ध है।
3. **रामायण अराउंड द वर्ल्ड : अ लिविंग लीजेंड :** यह पुस्तक वर्तमान समय में म्याँमार, थाईलैंड, लाओस, कंबोडिया, वियतनाम, चीन, कोरिया, जापान, मलेशिया, इंडोनेशिया, पाकिस्तान और ईरान की सभ्यताओं पर रामायण के प्रभाव का वर्णन करती है।
4. **हिंदू रीसर्जेंस इन साउथ-ईस्ट एशिया (अंग्रेजी) :** यह दक्षिण-पूर्वी एशिया में प्रचलित भारतीय संस्कृति की स्पष्ट झलक की अद्‍भुत कहानी है।
5. **हाइफा (HAIFA) : इंडियन हीरोइज्म इन इजराइल (अंग्रेजी) :** यह पुस्तक उस प्रेरणादायक कहानी का वर्णन करती है कि कैसे जोधपुर और मैसूर के घुड़सवार योद्धाओं ने सन् 1918 में प्रथम विश्वयुद्ध के दौरान अपनी वीरता से इजराइल के एक समुद्री बंदरगाह हाइफा को मुक्त कराया था और इस प्रकार इजराइल के आधुनिक राज्य के लिए रास्ता खोल दिया था।
6. **योग—विश्व को भारत की अनमोल भेंट (मूल अंग्रेजी में प्रकाशित) :** यह पुस्तक योग के विश्वभर में व्यापक प्रचार-प्रसार, योग की वैश्विक स्वीकार्यता और उसके उपयोग की व्यापकता को रेखांकित करती है।

प्रकाशनाधीन पुस्तकें (जो बाद में प्रकाशित होंगी)

1. **इंडिया 'ज रीसर्जेंस इन ट्वेंटी फर्स्ट सेंचुरी :** यह पुस्तक बताती है कि किस प्रकार भारत और प्रवासी भारतीय वैश्विक व्यापार, राजनीति और संस्कृति के केंद्रीय मंच पर अपनी उपस्थिति दर्ज करा रहे हैं।
2. **ग्रेट इंडियन मुस्लिम्स : रोल मॉडल्स फॉर इंडियन यूथ :** यह पुस्तक उन मुस्लिम संतों, विद्वानों, सामाजिक कार्यकर्ताओं, संगीतकारों, स्वतंत्रतासेनानियों, देशभक्तों और प्रशासकों के प्रेरणाप्रद जीवन का वर्णन करती है, जिन्होंने हमारी मातृभूमि एवं मानवता की सेवा की थी।
3. **वैदिक मैथमेटिक्स एंड इंडिया 'ज कॉन्ट्रिब्यूशन इन मैथमेटिक्स एंड साइंस :** यह पुस्तक वैदिक ऋषि बोधायन से लेकर रामानुजम और डॉ. मंजुल भार्गव तक महान् भारतीय गणितज्ञों के गणित के क्षेत्र में अप्रतिम योगदान का वर्णन करती है।
4. **इंडिया इजराइल टूगेदर फार टू थाउजेंड इयर्स :** इस पुस्तक में 500 ईसा पूर्व से लेकर आज तक के इन दोनों देशों के संबंधों का वर्णन है। यह पुस्तक यहूदी धर्म और हिंदू धर्म के बीच की समानताओं का वर्णन करती है तथा बताती है कि कैसे हिंदुओं ने यहूदी शरणार्थियों की मदद की थी और भारत में यहूदियों का क्या योगदान है।